빠르고 정확한 독해를 위한

Just
READING

2

혁신 개정판

Just Reading 2

지은이 신석영
발행인 조상현
발행처 (주)위아북스

주소 서울시 마포구 마포대로 127. 304호
문의 02-725-9988 **팩스** 02-725-9863
등록번호 제300-2007-164호
홈페이지 www.wearebooks.co.kr
ISBN 978-89-6614-042-8 53740

혁신 개정판

빠르고 정확한 독해를 위한

Just
READING

신석영 지음

2

We're
위아북스

"꿈에 젖은 수년보다 강렬한 한 시간이 더 많은 것을 이룬다."라는 말이 생각납니다. 지금 누구보다도 강렬한 인생을 살고 있는 사람은 학생들이 아닌가 싶습니다. 대학을 목표로 열심히 공부하는 학습자들에게는 공부를 잘하는 방법과 어떻게 준비하고 대처를 해야 좋은 점수를 받을 수 있을까? 하는 의문과 절실함은 항상 변함이 없습니다. 똑같은 노력과 주어진 시간이 같다면 좀 더 효과적으로 공부할 수 있도록 도움을 줄 수 있는 안내자와 같은 좋은 책과 선생님들이 절실히 필요할 때입니다. "한 권의 책이 사람의 인생을 바꿀 수도 있다"는 말이 있습니다.

이 책은 저자가 직접 현장에서 오랜 세월동안 직접 가르치며 만들었습니다. 아이들과 함께 울고, 웃고, 기뻐하며 힘들고 행복했던 시간들을 함께 하면서 조금씩 다듬어 나갔습니다.

힘든 곳과 아픈 곳을 직접 어루만지며 또한 학생들에게서 더 많은 가르침을 받은 저자가 학생들의 어려움을 해소할 수 있도록 심혈을 기울였습니다.

영어를 잘 듣고, 말하고, 쓰기 위해서는 많이 읽어야 합니다. 영어는 읽어 이해할 수 있는 속도와 정확도의 범위만큼만 들리며, 읽은 내용이 숙지되면 회화가 이루어지고, 글로 표현하면 영작문이 따라오게 됩니다. 독해영역이 상당히 별개의 분야처럼 이해되어 회화와 영작이 별도의 훈련이 필요한 것처럼 여겨져 왔는데, 이와 같은 고정관념을 깨는 대 수술이 필요합니다. 크라센(Crashen)이라는 언어학자는 '많이 읽을 것'을 강조합니다. 그는 배경지식을 알고, 읽어서 이해할 수 있는 영문을 많이 읽는 것이 영어 정복의 지름길임을 지적합니다. 오늘날 싱가포르의 영어 실력이 이를 증명하는데, 싱가포르의 리콴유 전 총리는 학교 교실 뒤에 영문서적을 수십, 수백 권을 비치해 두고 읽기 교육을 시켰습니다. 우리나라는 우선 말해야 한다는 강박관념에 사로잡혀 읽기 교육이 제대로 안 되고 있는 현실입니다.

대학 수학능력 시험과 TOEFL, TOEIC과 같은 시험에서의 관건은 다양한 지문을 얼마나 많이 접하고 또 얼마나 빨리 이해하느냐에 달려있습니다. 가장 좋은 방법은 쉬운 지문부터 단계별로 공부하면서 영어 독해와 영작 그리고 듣기에 대한 자신감을 가지도록 하는 것입니다. 그런데 현재 영어 교육은 학습자 중심이 아닌 현실과 동떨어져 있고 학습자에 대한 세심한 배려나 사랑이 없어 보입니다. 학습자들은 처음부터 어려운 지문을 접하게 되거나,

흥미 없는 소재를 바탕으로 단계학습을 하게 되는데, 이는 영어를 몇 년을 배워도 투자한 시간과 노력에 비하여 드러나는 학습효과가 실로 미미합니다. 이에 따라, 학생들은 영어가 주는 재미를 느낄 수 없을 뿐 아니라, 오히려 스트레스만 늘어갈 뿐입니다. 당연히 학교시험과 '영어 자체'에는 늘 자신 없어 합니다.

Just Reading 시리즈는 이런 학생들을 위해 정밀하게 제작된 Reading 교재입니다. 수능과 TOEFL, TOEIC에 맞춘 지문과 문제는 학생들에게 실제적인 도움을 줄 것입니다.

사실, 이 책을 쓴 저자의 목표와 이상은 더 높은 곳에 있습니다. 우리가 안고 있는 근본적인 문제는 학습 분위기 저변에 깔린 비판적 성향과 고정된 사고방식, 그리고 검증되지 않은 낡은 선입견들입니다. 한 언어가 자리 잡기 위해서는 다양한 작업이 요구되는데 그 중 가장 중요한 부분은 실제 많은 훈련을 할 수 있는 빈도와 학습자의 자신감입니다.

언어는 말이요, 말은 정신이요, 정신은 사상입니다. 사상은 인격을 만듭니다. 생소한 언어체계가 우리의 뇌에 자리 잡기까지 글로 된 많은 양의 독서를 필요로 합니다. 이 책에서 학습자들이 다양한 범 교과서적인 소재를 읽고 즐기는 동시에 많은 도움 장치들로 구성되어 있음을 밝혀 둡니다. 단순한 대학입시가 목적이 아닌 하나의 과정으로 더 큰 꿈과 미래를 향해 나아갈 대한민국 모든 학생들에게 응원을 보냅니다.

"Just Reading 혁신 개정판"이 출간되기까지 더 좋은 책을 위해 헌신의 노력을 다해주신 위아북스 관계자 여러분들에게 고개 숙여 깊은 감사를 드립니다. 마지막으로 항상 옆에서 힘이 되어주는 내 가족, 힘이 들 때마다 묵묵히 응원해준 내 아내 미선이, 그리고 아빠에게 언제나 용기와 희망을 주는 서윤이와 강민이에게 끝없는 사랑과 감사를 전합니다.

신석영

독해를 위한 공부 방법

"독해력이란?"

독해력은 'Reading Power' 즉, '읽어 이해할 수 있는 능력'을 말한다. 많은 학생들이 '독해'가 무엇인지를 물어보면 십중팔구 읽고 해석하는 것, 읽고 번역하는 것이라 한다. 지금까지 수능, 토익, 토플 같은 시험에서는 한번도 '읽고 해석'하는 시험을 낸 적이 없다. 'Reading Comprehension' 즉, 읽고 이해하는 것이 독해이다. 단지 단어를 외워 단어만 읽어나가려고 한다. 그러나 reading의 첫 출발은 '글을 쓴 작가의 의도'를 파악하는 것, 즉, 글을 통하여 작가의 중요한 생각(Main idea)을 알아 내는 힘이 '독해력'이며 고난도 독해력 측정이라는 것은 이러한 글의 중요성을 파악하고 추론해 내는 능력이 있는지를 측정하는 것을 가리킨다. 왜? Main idea를 통해 독해력을 측정하는 것일까? 이는 이러한 정도의 수준 높은 문제를 풀 줄 아는 학생이 대학의 학문을 이해할 수 있을 것으로 판단되기 때문이다.

1 이 글은 무엇에 관한 것인가?

주제문장(Topic Sentence/Main idea)이란, 주제(Topic)가 포함된 문장으로, 그 글이나 단락의 내용이 무엇에 관한 것인가를 함축적으로 대변하는 문장이다. 따라서, 이 주제 문장을 통해 글을 읽는 독자는 그 글이 어떤 내용인가를 예상할 수 있고, 글을 쓰는 작가는 하나의 생각(Idea)에 충실한 글을 쓸 수 있게 된다.

또한, 주제 문장은 사실(Fact)보다는 대개 글쓴이의 견해(Opinion)가 들어있는 문장으로, 주제(Topic)와 이를 제한한 진술(Controlling statement)로 구성된다.

주제를 더욱 짧게 요약을 하게 되면 그것이 제목(Title)이 된다. 그 외에 Topic/Key Point 등으로 표현될 수 있다. 제목은 어떠한 글에서든지 지문을 중요한 하나의 요소로 통합시키는 것이 된다. 따라서 제목은 간단한 몇 단어로 나타내야 한다.

2 작가는 제목에 대해서 어떤 생각을 말하려고 하는가?

제목, 즉 글쓴이가 어떠한 것에 대해 말하려고 할 때, 그 말하려는 자신의 생각이 곧 주제(Main idea)가 된다. 이것은 주제문으로 표현이 되는데, 제목을 문장으로 나타내는 것이 주제문이다. '무엇이 어떠하다'라고 표현한다. 제목을 묻는 문제가 중요한 이유는 제목을 옳게 파악할 수 있다면 글의 중요한 요소를 파악하고 있는 것으로 볼 수 있기 때문이다.

3 자신의 생각을 어떻게 표현하는가?

글쓴이는 반드시 글의 첫머리 부분에 '화젯거리'를 반드시 제시한다. '화젯거리(Controlling Statement)'는 마찬 가지로 주제에 해당되는데 자신의 주장을 화젯거리로 제시하고, 이를 논리적으로 납득할 수 있는 다양한 설명으로 주제를 뒷받침해주는 문장들로 구성이 된다. 이러한 문장 구성 요소들을 'Supporting Sentences'라고 한다. 주제를 뒷받침해주는 보충, 부연 설명이 연이어 나오는데, 흔히 독해 문제에서 본문의 내용과 일치/불일치를 물어보는 문 제는 이러한 세부적인 보충설명을 올바로 이해하는지를 측정하는 문제이다.

전체 Supporting details(보충, 부연설명 문장)가 글의 주제와 논리적으로 잘 구성되어 하나의 흐름으로 연결이 잘 되었다면 이것을 우리는 '통일성'을 잘 갖춘 글이라고 한다. 문단은 하나의 주제문(Topic sentence)을 중심으로 하여 각 문장들이 주제문을 뒷받침하도록 관련성 있게 구성되어 있어야 한다. 비약을 하거나 논지에 어긋나는 문 장이 나오는 경우가 있다. 이러한 문장은 제거하거나 수정해야 한다. 글쓰기와 교정 능력을 간접 평가하기 위해 자 주 출제되고 있다.

4 내가 읽은 내용을 통해 어떤 결론을 추론해 낼 수 있는가?

글의 도입부분에서 화젯거리, 즉 작가의 main idea를 파악하고 이것을 뒷받침해주는 보충, 부연 설명글을 모두 이해하고 나면 그 글에 대한 결론(Concluding Sentence)을 내릴 수 있어야 한다. 이때 결론은 글속에 제시되어 있 을 수도 있고, 결론을 추론해 내야 하는 경우도 있다. 결론을 묻는 문제는 내가 파악이 가능했던 주제와 내용과 의 미가 같아야 한다. 내가 읽은 내용과 거리가 멀다면 주제에서도, 결론에서도 벗어나 있다고 판단해야 한다. 함정 문제에서는 일반적인 타당성 있는 결론을 제시하기도 하는데, 반드시 글의 주제와 관련된 결론을 유추해 내야 하 는 것이 중요하다.

독해원리 정리

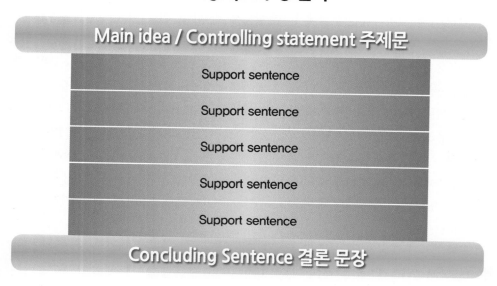

Paragraph 구성 원리

Main idea / Controlling statement 주제문

Support sentence

Support sentence

Support sentence

Support sentence

Support sentence

Concluding Sentence 결론 문장

① 하나의 단락(문단)은 몇 개의 문장이 모여 하나의 주제(핵심사상)를 다룬다.

② 단락은 일관된 하나의 주제와 그것을 보충 설명하는 문장들로 구성된다.

③ 보충 설명하는 문장을 다시 세부적으로 보충하거나, 예를 드는 문장이 있다.

※ 어떤 글에서, 글쓴이가 말하거나 설명하려는 것이 그 글의 주제(Main idea)가 된다. 이것은 글을 쓰는 사람의 입장에서 보면 글쓴이가 말하고자 하는 것이 무엇인지를 전달하고 독자의 입장에서 보면 그 글이 무엇에 관한 것인지를 알게 한다.

Just Reading 시리즈의 특징

1 각 Level별 25개의 실생활과 관련된 재미있는 독해 지문

각 Level별 25개의 지문으로 구성되어 있으며, 5개의 지문이 하나의 Chapter로 이루어져 있다. 재미있는 주제와 다소 딱딱한 역사, 인물에 대한 지문까지 세밀화된 단계에 맞는 수준의 지문을 실었다. 유익한 지문을 통해 학생들은 다양한 시사, 문화, 역사, 인물, 사회, 과학 분야를 모두 배울 수 있도록 균형 있게 배치하였으며, 어떠한 유형의 독해 문제라도 당황하지 않고 대처할 수 있는 자기훈련의 기회를 제공하여 재미있게 공부할 수 있다.

2 수능 기출 문제 수록

각 Chapter별로 수능 기출 문제와 응용문제가 수록되어 있다. 특히 독해력을 측정하는 문제가 큰 비중을 차지하면서, 문제 출제도 사고력을 배양할 수 있도록 응용문제를 실어 원하는 대학 진학을 희망하는 학생들에게 도전정신과 자신감을 심어 줄 수 있도록 구성되었다.

3 종합적 사고력, 분석력, 이해력을 획기적으로 길러 줄 참신한 문제

화제와 주제 파악에 중점을 두되, 본문 내의 빈칸 추론하기, 요약하기, 어법(어휘) 문제, 논술형 문제, 결론 문제의 출제의도를 밝혀 놓아 독해력 측정의 여러 문제 유형에 자신 있게 대처할 수 있도록 하였다. 수능에 출제되는 모든 영역과 영어 제시문을 통해 각종 영어 시험에 대비할 수 있도록 구성되었다.

4 지문을 난이도에 따라 적절히 배열

각 Level을 세밀하게 나누어 영어에 대한 두려움을 쉽게 극복하도록 하였다. 각 Chapter별 마지막 지문은 200자 이상의 장문으로 구성하여 지문에 대한 종합적인 분석이 가능하게 하였고, Just Reading Series 3권에서는 장문이 2개씩 구성되어 풍부한 읽을거리를 통해 단계적인 실력 향상에 도움이 될 것이다.

5 선생님 · 학생 · 학부모 모두가 참여할 수 있는 교재

기존의 교재들은 항상 집필자가 이끌어가는 단방향적인 교재였으나 본 교재는 위 3자가 교재 중심으로 들어와서 서로 대화할 수 있도록 Daily Assignment Book을 Chapter별로 두어 학습의 효과를 높이도록 하였다.

6 문장의 정확한 이해력을 바탕으로 Writing과 Speaking까지 완성

기존의 책들은 독해 지문을 읽고 단순히 문제만 풀고 끝나는 구성인 반면 Just Reading은 공부한 독해 지문의 핵심 구문을 우리말과 영어를 비교분석하여 정확한 문장 이해력을 기른 후 영작으로 완성할 수 있도록 하였다. 또한 우리말로 완전히 이해한 영문 구조를 이용하여 일상회화에서 자주 쓰이는 Speaking 스킬을 익힐 수 있도록 충분한 말하기 연습 활동을 구성하였다.

ABOUT *Just Reading Series 2*

Just Reading 구성의 특징

1 단원어휘 | Mini Quiz

각 Chapter에 필요한 단어를 미리 공부하고 스스로 테스트할 수 있도록 구성하였다. 단순한 암기보다는 collocation으로 의미 단위 어휘 확인이 가능하도록 하였다. 학생들은 단어를 지루하고 어려운 것이 아닌 '살아 있는 말'로 인식하게 될 것이며, 이러한 과정은 사고력 증진에 상당한 도움이 될 것이다.

2 독해에 진짜 필요한 Reading Skill

각 Chapter 마다 수능과 모든 독해에 필요한 독해 이론 수업이 마련되어 있다. 수능에 가장 많이 출제되는 단락의 구성 이론과 주제, 제목, 요지와 같은 유형을 모두 학습할 수 있다. 정보를 빨리 읽고 해석을 일일이 해내는 것도 중요하지만 이와 더불어 문장과 글의 논리를 정확하게 이해하는 '단락의 구성 이론'을 이해하는 능력도 반드시 필요하다.

3 Check Your Vocabulary!

보통의 책은 지문 밑에 단어 해설을 정리해 놓은 것이 보통이나, Just Reading 시리즈는 핵심 단어를 학생들이 스스로 조사해올 수 있도록 하였으며 이는 실제 수업에서 선생님이 숙제를 내주실 부분이다. 이렇게 하는 목적은 어휘는 한두 가지의 의미만을 내포하고 있는 것이 아닌 다양한 지문과 상황에 따라 그 의미가 결정되므로 독해 속 지문을 통해 학습자가 어휘의 뜻을 추론해보는 것 또한 사고력 향상을 위해 반드시 필요한 부분이기 때문이다.

4 구문으로 익히는 Writing & Speaking

'구문 독해 + 어휘 + 영작 + 해석연습'이 통합적으로 이루어지도록 구성하였다. 독해 해석 후 문제 풀이만 하면 끝나는 것이 아니라, 각 Unit마다 자가 학습 및 숙제를 내주어 학부형에게 확인을 받아 오는 시스템이다. 전통적인 문법이 아닌 현대식 영어로 영어와 한국어의 유사점을 비교·설명하여 우리나라 학습자들이 가장 난감해하는 영문 구조들을 확실하게 연습할 수 있다. 또한 우리말로 이해한 영어문장을 통해 실제 원어민이 자주 쓰는 스피킹 스킬을 읽힐 수 있다. 친구와 짝을 이루거나 그룹으로 말하기 연습을 할 수 있게 구성하여 학생들에게 흥미를 유발할 수 있는 수업을 할 수 있게 도움을 준다. 전국 어디에서도 찾아볼 수 없는 스피킹이 융합된 교재로 스피킹 시험 대비는 물론 말하기 능력 또한 향상시킬 수 있다.

5 WORD REVIEW

각 Chapter에서 배운 어휘와 구문, 문법을 복습, 확인하는 코너이다. 현장수업에서는 Weekly 테스트 또는 Daily 테스트로 활용하여 학습들의 실력과 복습 정도를 확인, 점검할 수 있다.

6 SENTENCE REVIEW

다양한 지문을 접한 후에 핵심 문법을 예문을 통해 다시 한 번 복습할 수 있게 한다. 간단한 문제를 통해 점검하되 제시된 문제는 수능어법 유형으로 확인 테스트를 할 수 있게 구성하였다.

7 Daily Assignment Book

그날의 시험내용과 과제물을 꼼꼼히 적어 학부형에게 확인 받아오는 시스템이다. 취약한 부분과 보완점을 스스로 작성해 보면서 자기 주도 학습이 가능하도록 만들었다.

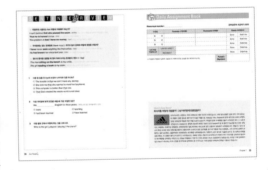

8 WORKBOOK

CD 안의 무료 보충자료 워크북을 활용하여 Just Reading의 독해뿐 아니라, 어휘, 회화, 문법, 영작을 모두 최종 정리하며 복습할 수 있다. 본책에 해당하는 시험 적중률이 높은 유형의 문제들을 뽑았다. 숙제나 자습을 통해 보충하기에 탄탄한 자료이다.

CONTENTS

Chapter 01

단원 어휘

- ☐ rapidly adv. 빨리, 급속히
- ☐ combine v. 결합하다, 연합시키다
- ☐ radical a. 근본적인, 급진적인
- ☐ estimate v. 추정하다 n. 추정
- ☐ relative n. 친척
- ☐ observe v. ~을 보다, 관찰하다
- ☐ remove v. 치우다, 제거하다
- ☐ pretend v. ~인 체하다, 가장하다
- ☐ firm a. 굳은, 확고한 n. 회사
- ☐ limit n. 한계 v. 제한하다
- ☐ peninsula n. (한)반도
- ☐ contribute v. 기부하다, 기여하다
- ☐ publish v. 발표하다, 출판하다
- ☐ version n. ~판(형태)
- ☐ gain v. 얻다, 획득하다
- ☐ popularity n. 인기, 대중성
- ☐ race n. 경주, 인종, 민족
- ☐ aggressive a. 공격적인, 의욕적인
- ☐ reside v. 거주하다, 존재하다
- ☐ arm n. 팔, 힘, 권력 v. 무장하다

Mini Quiz

1 Give me a rough _____. 대충 말해줘.

2 close _____ 가까운 친척, 친한 친척

3 permanently _____ 영원히(완전히) 삭제하다

4 Let's _____. 이렇다고 가장하자.

5 stay _____ 변하지 않고 그대로 있다

6 _____ a new magazine 새 잡지를 발행하다

7 an English _____ of a Japanese poem 일본 시의 영어판

8 a master _____ 지배민족

9 look _____ 적극적으로 보이다

10 _____ police 무장경찰

글의 전개방식 - 통념 / 비판

글의 전개방식에는 다른 사람들의 의견(통념)을 제시하고 그에 대한 반박을 함으로써 작가 자신의 주장이나 의견을 피력하려는 방법이 있다. 이러한 글의 전형적인 전개방식은 일반인들의 견해(통념)를 제시하고 그에 대한 구체적인 보충설명을 한다. 그리고 나서 대조어(However, On the contrary 등)가 등장한 후 작가의 반박과 반론이 나타난다. 주제, 제목, 요지 문제에서는 바로 작가의 견해가 나타나는 반론이 정답이 된다. 통념과 비판을 통한 단락의 전개방식은 다음과 같이 전개된다.

1) 글의 서두에 일반인 내지는 제3자의 견해, 즉 통념을 제시한다.

People think(believe, insist, argue, say) ~ / It is said (thought, believed, insisted) ~

There is a tendency(inclination) ~ = We tend to ~

We are apt to ~ / A common belief is that ~

2) 반대/대조를 나타내는 연결사를 이용하여 작가가 통념에 동의하지 않고 자신의 진짜 생각을 나타낸다. 그리고 나서 비판에 대한 보충설명 및 반복 강조를 나열할 수 있다.

But, However, On the contrary, In contrast, While, Yet, On the other hand 등의 대조 연결사

This is not true. / This is not the case. = This is not so. / They are mistaken. / Nothing can be further from the truth. / I don't think so.

For me, For my part, From my experience, In my opinion

통념-비판의 단락 전개방식은 다양한 방법으로 문제를 출제할 수 있다.

❶ 대조의 연결사를 찾는 빈칸완성 문제

❷ 작가가 반박을 하고 자신의 의견을 밝히는 부분에서 주제, 제목, 요지, 주장 문제

❸ 통념-반박-작가의 견해-비판에 대한 보충, 반복 강조 내용을 알맞은 순서대로 고르기

❹ 전체 글을 한 문장으로 요약하는 문제

---

[1] Researchers said that playing with a computer will not increase a preschooler's reading scores or train him or her in computer science. [2] But computers have two special qualities that very young kids find irresistible: infinite patience and obedience. [3] Computers are willing to do the same thing over and over. This allows kids to build up self-confidence. [4] Every time they use computers, kids can get a wonderful sense of being good at something. [5] The benefit of computer use to preschoolers is chiefly _____.

*preschooler 취학 전 아동

① sociable ② physical ③ economic
④ psychological ⑤ technological

[논리독해]

Key-word : a computer, kids

1 일반적인 통념제시 (Researchers said that ~)

2 반박 + 작가의 생각인 주제문 제시

3, 4 반박에 대한 보충, 부연설명

5 주제문을 재진술하여 강조

수험생의 눈

▶통념-비판의 글에서 주제를 묻는 문제는 작가의 비판 부분에서 주제를 추론한다. 대조를 나타내는 연결사를 넣는 빈칸 문제도 확인한다.

Social
Study

In modern times, the population of the world has increased more rapidly than in all other ages of history combined. In 1910, the world population reached one billion. In 1990, the number doubled: two billion. Today, the population is more than six billion. The most important factors which have contributed to the rapid increase in population are technology and science. Modern medicine allows people to live longer and stay healthier. _____ the radical increase of the population so far, there won't be enough air for animals, including humans, to breathe within another 100 years. Therefore, it's about time that scientists should work out a solution in case we face an oxygen shortage in the near future. As a matter of fact, the United Nations estimated that the world population will reach nine billion by the year 2050.

1   **What is the writer trying to explain?**
   ① Problems we will have in the future because of pollution
   ② Improvement of modern medicine
   ③ Increase of population in the past, present and the future
   ④ Solutions for having enough air by medical science
   ⑤ Prediction of the population size in the year 2050

2   **Choose the best word to fill in the blank.**
   ① Caring   ② Predicting   ③ Suspending
   ④ Considering   ⑤ Perceiving

Check Your
VOCABULARY!

modern	population	increase	rapidly
age of history	combine	billion	contribute
radical	oxygen shortage	as a matter of fact	estimate

구문으로 익히는 **Writing & Speaking**

목적어 바로 뒤에 줄을 서는 to부정사

⬇ 목적어 뒷자리
Modern medicine allows *people* to live longer and stay healthier.
현대 의학은 사람들이 더 오래 그리고 더 건강하게 살 수 있게 해준다.
⬇ 목적어 뒷자리
The captain commanded *his crew* to leave the ship immediately.
선장은 선원들에게 즉시 배를 떠날 것을 명령했다.

영어는 철저히 정해진 자리에서만 그 뜻을 나타낼 수 있다. 우리말에서 '~가(에게) … 하라고(하게) 말하다(명령하다)'의 말을 많이 하는데 이것이 바로 영어에서 5형식 문장 구조이다. 즉, 동사 뒤에 명사인 목적어가 나오고 바로 뒤에 목적격 보어 자리에 명사나 형용사를 쓸 수 있지만 목적어의 행동을 나타낼 때는 to부정사를 써야 한다.

떠나다 + ~하(도록)라고 ➡ 떠나라고
leave + to ➡ to leave

'to부정사'가 '동사 + 목적어' 다음 즉, 목적어 바로 뒷자리(목적격 보어 자리)에 위치할 때 우리말 '~하라고(하도록), ~는 것, ~하게'의 뜻을 가진다. 목적격 보어 자리에서 목적어의 행위나 동작을 타나낼 때 쓴다.

Practice

1 The National Assembly has summoned 소환했다 the former President as well as corruption-related officials 부패에 관련된 공무원들 to appear at the hearings.

해석 ◐ _____

2 나의 아버지는 내가 유럽에 through Europe 혼자 alone 여행하는 것을 travel 허락했다 allowed.

영작 ◐ _____

Super Speaking   1단계 : 처음 우리말과 영문을 보면서 영어로 말해본다.
2단계 : 영문을 손으로 가리고 우리말만 보면서 완전한 영어로 말할 수 있도록 3~4회 반복한다.

  나는 그가 나에게 데이트 신청하기를 바란다.

I want him to ask me out.

우리말을
영 어 로
옮 기 기

  나는 그녀가 나를 좋아하리라고는 전혀 기대하지 못했다.

I never expected her to like me.

  엄마는 내가 나쁜 애들과 어울려 다니지 않기를 원했다.

Mom wanted me not to hang out with bad boys.

온라인 쇼핑은 우리가 가구, 음식, 심지어 애완동물까지 살 수 있게 한다.

Online shopping allows us to buy furniture, food, and even pets.

화내지 마세요!

The Ndembu tribe in Central Africa believes that illness is often caused by anger of a relative, friend, or enemy against the patient. The anger, according to the Ndembu, makes a tooth enter the patient's body somehow and make the person sick. So when someone gets sick, all the people who know the person should gather to observe a ceremony at the end of which the healer removes the tooth from the patient's throat, arm, leg, etc. In fact, the healer just pretends that he takes it out from the patient's body, and everyone, including the patient, knows that the tooth has been hidden in the healer's mouth. _____, the patient often gets better after the ceremony. Also the Ndembu use several kinds of trees for young women's rituals. They attribute various symbolic meanings to these trees. For example, one kind of tree produces white liquid and another produces red, which are respectively considered as milk and blood.

1 What is the best title for this paragraph?
① The Anger of the African People
② Dentists in Ndembu Tribe
③ Enemies of the Ndembu People
④ Kinds of Diseases in Central Africa
⑤ Healing Ceremonies of the Ndembu People

2 빈칸에 들어갈 연결사로 가장 적절한 것은?
① Thus   ② Nevertheless   ③ Therefore
④ In other words   ⑤ Moreover

Check Your
VOCABULARY!

tribe	relative	enemy	gather
observe	ceremony	remove	throat
pretend	ritual	attribute A to B	respectively

명사절이 동사 뒷자리에 있는 경우

🔻 동사 바로 뒷자리
Experts point out that *a labor shortage is a serious problem*.
전문가들은 노동력의 부족이 심각한 문제라고 지적하고 있다.
🔻 동사 바로 뒷자리
Edwin Hubble discovered that *the universe is getting bigger*.
Edwin Hubble은 우주가 점점 커지고 있다는 것을 발견했다.

명사절은 이름 그대로 명사 자리에 쓴다는 것이다. 즉, 다시 말해서 명사 자리(주어, 목적어, 보어)에 주어, 동사가 있는 문장을 쓴 것이다. that이 문장을 취하고 하나의 덩어리로 동사 바로 뒷자리에 떡하니 위치해 있을 때 명사절 전체를 해석하여 우리말 '~것(을), ~라고, ~라는 것(을)'로 해석한다.

문제이다 + ~것/~라고 ➡ 문제라고
S + is a problem. + **that**
➡ **that** + S + is a problem

명사절 접속사로 쓰이는 절이 동사 바로 뒷자리에 위치할 때 that이 데리고 있는 문장 안의 동사가 우리말 '~것(을), ~라고'의 뜻을 갖는다. that이 여러 가지로 쓰이지만 that이 문장에서 위치하는 자리(동사 바로 뒤)만 확인하면 명사절인지 바로 구별할 수 있다.

| Practice

1 These days smokers have stopped smoking because they are worrying that it may be harmful to their health.

해석 ◐ _____

2 나는 그가 ₍ₕₑ₎ 신뢰할 만한 사람이라고 ₍ₐ reliable person₎ 생각한다 ₍think₎.

영작 ◐ _____

Super Speaking

1단계 : 처음 우리말과 영문을 보면서 영어로 말해본다.
2단계 : 영문을 손으로 가리고 우리말만 보면서 완전한 영어로 말할 수 있도록 3~4회 반복한다.

 그녀의 문제는 그녀가 너무 무례하다는 것이다.

Her problem is that she is too rude.

우리말을
영어로
옮기기

 나는 그녀가 그와 결혼하고 싶어 한다는 것을 안다.

I know that she wants to marry him.

 대부분의 사람들은 비틀즈가 최고의 락 밴드라고 생각한다.

Most people think that the Beatles is the best rock band.

 중요한 것은 사람들이 서로 도와야 한다는 것이다.

The important thing is that people should help one another.

Issue

The number of foreigners interested in the Korean language has increased dramatically over the past few years because of the success of Korean firms overseas and growing interest in Korean culture. For example, many Chinese students have become interested in Korean as they plan to work for Korean firms, which offer better opportunities and pay. The total number of foreign students attending Korean language programs has increased to more than 30,000 in Seoul alone this year from about 4,700 at the end of last year. People speaking Korean have long been limited mostly to those from the peninsula. It is no wonder few people ever imagined that the country's language might one day _____. 기출

1   빈칸에 들어갈 말로 가장 적절한 것은?

① provide some enthusiastic technical support

② open new opportunities for its modern art

③ remain one of the most scientific languages

④ contribute to the return of its ancient culture

⑤ become popular in the international community

2   **Why do foreigners wish to study Korean these days?**

① To speak fluently when they visit Korea for a vacation.

② Because the number of foreign students is increasing day by day.

③ To experience the culture and because of the verified business success.

④ Because the education expenses are moderate in Korea.

⑤ To become a fashion designer and meet Korean celebrities.

Check Your VOCABULARY!

dramatically	firm	overseas	limit
peninsula	no wonder	enthusiastic	contribute
international community	verified	expense	moderate

구문으로 익히는 **Writing & Speaking**

현재분사(V-ing)가 명사 바로 뒷자리에 있는 경우

⬇ **명사 뒷자리**
Boys having *hairstyles like movie stars* aren't rare anymore.
스타 배우처럼 머리 모양을 한 소년들은 더 이상 드물지 않다.

⬇ **명사 뒷자리**
People reading *my work* are like the fruit that results from the efforts I make in my garden.
내 작품을 읽는 사람들은 정원을 가꾸는 내 노력의 결실과 같다.

a pretty girl이라는 표현에서 pretty(예쁜)는 girl이 어떻다는 상태만 표현해 주는 역할을 한다. 그리고 a running girl(달리는 소녀)에서 running 앞의 pretty처럼 girl을 구체적으로 설명해 주는 역할을 한다. pretty 뒤의 girl은 동작을 하지 않지만, running 뒤의 girl은 '행위, 동작'을 할 수 있게 된다. 동작을 표현하는 run(달리다)에 -ing를 붙여서 '명사의 행위나 동작의 표현'을 늘리려고 만든 장치가 바로 분사이다.

소년들 가지다 + ~하는(있는) ➡ 가진 소년들
boys have + ~ing ➡ boys **having**

읽다 + ~하는(있는) ➡ 읽는
read + ~ing ➡ **reading**

우리말은 '~하는 소년들, ~하는 사람들'처럼 명사 앞에서 명사를 꾸미지만 영어는 '~하는'에 해당하는 말 ~ing를 명사 바로 뒷자리에 두어 명사의 동작을 나타내면서 명사를 꾸며 주는 역할을 한다.

Practice

1 This is similar to people getting wiser by overcoming difficulties 곤경 and hardships 역경.

해석 ⊙ _____

2 그녀가 벽에 걸려있는 hang on the wall 저 초상화들을 those portraits 그렸다 painted.

영작 ⊙ _____

Super Speaking
1단계 : 처음 우리말과 영문을 보면서 영어로 말해본다.
2단계 : 영문을 손으로 가리고 우리말만 보면서 완전한 영어로 말할 수 있도록 3~4회 반복한다.

 나는 자원봉사 일을 하는 사람들을 존경한다.

 I respect people doing volunteer work.
우리말을 영어로 옮기기

 영화관에서 내 앞에 앉아 있는 그 여자는 코를 골고 있었다.
The woman sitting in front of me at the movie theater was snoring.

 그들은 병으로 죽어가는 나무들을 베었다.
They cut down the trees dying of disease.

 너는 커다란 귀고리를 하고 있는 저 소녀를 아니?
Do you know the girl wearing big earrings?

뱀파이어

Horror

We all know what vampires are, and what they feed on. The vampire is a mythological creature which is also often called as 'Dracula' in Korea. It is a human-like creature which comes out of its coffin at night and sucks the blood of living people. The victims who are bitten by a vampire eventually become vampires themselves. After Bram Stoker published his novel "Dracula" in 1897, various versions of vampire characters have gained popularity. Through films, plays, even comic books, everyone becomes familiar with Count Dracula, the blood-sucking vampire. Even though Count Dracula is a fictional character, it is said that some of his _____ were inspired by the 15th century Prince Vlad Tapes. He was an evil, cruel man but certainly not a vampire.

1 **Choose the best word to fill in the blank.**
   ① companions   ② characteristics   ③ ancestors
   ④ durableness   ⑤ immortality

2 **Which characteristics of Count Dracula were inspired by a real person?**
   ① living in a coffin
   ② forsaken by God
   ③ having super natural power
   ④ films, plays and comic
   ⑤ being vicious and brutal

Check Your VOCABULARY!

mythological	coffin	suck	victim
publish	version	gain	popularity
familiar	be inspired	cruel	immortality

명사 뒤에 있을 때만 관계대명사로 쓰이는 who, which, that

⬇ **명사 바로 뒷자리**

My sweetheart always bought me gifts which *were cheap*.
내 애인은 내게 항상 값싼 선물들을 사 주었다.

⬇ **명사 바로 뒷자리**

I have a friend who *wants to be a fashion model*.
나는 패션모델이 되길 원하는 친구가 있다.

영어는 똑같이 생긴 단어일지라도 문장에서의 '정해진 자리'에 의해서 의미가 결정되므로 관계대명사로의 역할을 하려면 반드시 '명사' 뒤에 위치해야 한다. that이나 wh~가 데리고 있는 문장 전체를 해석해서 앞에 있는 명사를 꾸며 주며 해석한다. 명사를 꾸민다고 해서 형용사절이라 부르기도 한다.

가격이 싸다 선물 + ~하는/~던
➡ 가격이 **싼** 선물

우리말은 '~하는, ~했던'처럼 말 자체를 바꾸지만 영어는 절대 그런 장치가 없다. 철저히 자리에 의해 그 뜻을 갖는다. that이나 wh~로 시작하는 단어가 명사 바로 뒷자리에 떡하니 있으면 앞에 있는 명사를 꾸며주면서 우리말 '~하는, ~던, ~할'의 뜻을 바로 그 자리에서만 나타낼 수 있다.

Practice

1 Our self-image 자아상 is the blueprint 청사진 which determines how we see the world.

해석 ◉ _____

2 물질문화는 material culture 사람들이 만들고 의미를 부여한 people make and give meaning to 모든 물리적인 물체들로 all the physical objects 구성되어 있다 is made up of.

영작 ◉ _____

Super Speaking 1단계 : 처음 우리말과 영문을 보면서 영어로 말해본다.
2단계 : 영문을 손으로 가리고 우리말만 보면서 완전한 영어로 말할 수 있도록 3~4회 반복한다.

 나는 매너가 좋은 남자를 좋아한다.

 I like a man who has good manners.

우리말을 영 어 로 옮 기 기

 그녀는 바로 내가 첫 눈에 반한 여자예요.

She is the woman that I fell in love with at first sight.

 우리는 난방 시설이 없는 아파트에 산다.

We live in an apartment which has no heating system.

 팬더는 나무를 오를 수 있는 동물이다.

Pandas are animals that can climb trees.

용맹한 여전사

The Amazons were a race of females from the Caucasus Mountains. They resided in Asia Minor. They were bold and aggressive warriors. A queen ruled the women's race and the whole state. They fought for their tribes, and built their cities by themselves. They never let males into their tribe. If men came to them, they were deported or killed. In addition, all male children were either killed or maimed at birth. They rode on horseback, armed with a lance and bow, and carried a shield. Most of their fighting was done from horseback. It was believed that the Amazons cut off one side of the breast in order to shoot and throw spears more effectively. The tales of these wild brave female warriors fascinated the ancient Greek women. These tales also became a popular subject of Greek art. However, the Amazons were totally wiped out during their war against Athens.

In 1541, when Francisco de Orellana sailed up a river through Peru and Brazil on his journey, he _____. Because of their long hair, he thought they were all female. So he named the river "the Amazon" after the female warriors of the early Greek stories or legends.

1 **Choose the best title for this passage.**
   ① Dominance of the Amazons
   ② Description of the Amazons
   ③ The Last of the Amazons
   ④ Life Cycle of the Amazons
   ⑤ All of the above

2 **Which sentence best describes the characteristics of the Amazons?**
   ① They were a race of females from the Caucasus Mountains.
   ② They were long-haired Indian warriors living by the riverside.
   ③ They were a tribe totally wiped out during a war against Athens.
   ④ They were bold and aggressive female warriors who cared for their tribe.
   ⑤ They were a tribe who became a popular subject of Greek art.

3 **Choose the best answer to fill in the blank.**
   ① realized that the area was full of mysterious creatures
   ② discovered long-haired Indian warriors living by the riverside
   ③ noticed that his hair had grown down to his shoulder
   ④ decided to sail back to Peru to look for the Amazons
   ⑤ was astonished by the surrounding environment

4 **이 글의 내용과 일치하지 않는 것은?**
   ① 아마존족의 여자들은 무기를 사용하기 위해 가슴을 잘라냈다.
   ② 아마존족은 남자들을 죽이거나 추방시켰다.
   ③ 고대 그리스의 여성들은 아마존족에게 매혹됐었다.
   ④ 아테네와의 전쟁에서 아마존족은 최후를 맞이했다.
   ⑤ Francisco de Orellana가 아마존족의 이름을 지어주었다.

Check Your
VOCABULARY!

Amazons

race

reside

Asia Minor

bold

aggressive

warrior

rule

tribe

deport

maim

arm

lance

bow

shield

breast

spear

effectively

fascinate

ancient Greek

wipe out

Athens

legend

dominance

astonished

WORD REVIEW

A Translate into English.

1 추정하다

2 결합하다

3 증가하다, 증가

4 사실상, 사실은

5 부족, 종족

6 적, 적군

7 모으다, 모이다

8 목구멍

9 적당한

10 제한하다

11 극적으로

12 열렬한, 열광적인

13 희생자

14 신화의, 신화적인

15 인기, 대중성

16 잔인한

17 공격적인

18 전사

19 방패

20 전멸하다

21 출판하다

22 익숙한, 친숙한

23 방패

24 효과적으로

25 지배

B Translate into Korean.

1 modern

2 rapidly

3 contribute

4 radical

5 relative

6 observe

7 ceremony

8 pretend

9 verified

10 peninsula

11 overseas

12 expense

13 be inspired

14 suck

15 coffin

16 gain

17 deport

18 arm

19 reside

20 legend

21 respectively

22 immortality

23 race

24 bold

25 fascinate

C Choose the correct answers to each question.

1 The United Nations _____ that the world population will reach nine billion by the year 2050.

① combined   ② escalated

③ increased   ④ estimated

2 After Bram Stoker _____ his novel, various versions of vampire characters have gained popularity.

① published   ② sucked

③ gained   ④ inspired

3 The Amazons were a _____ of females from the Caucasus Mountains.

① legend   ② race

③ shield   ④ lance

D Translate into English or Korean.

1 You have to remind me to call my mother tomorrow.

_____

2 The problem is that we don't have enough time to go there.

_____

3 그는 Bessy라고 불리는 사랑스러운 딸이 있다.
(call, daughter, lovely)

He has _____ .

4 나는 자연을 다루는 TV 프로그램을 좋아한다.
(TV programs, nature, deal with)

I like _____ .

E Choose the correct words to fill in the blanks.

1 I ordered him _____ take a rest.

① to go   ② go   ③ going   ④ gone

2 A professor found out _____ the theory had a problem.

① that   ② those   ③ which   ④ who

3 People _____ in large cities _____ always busy.

① live ... are   ② living ... being

③ living ... are   ④ live ... being

4 The house which is made of bricks _____ my uncle's.

① are   ② were   ③ be   ④ is

F Choose the correct words for each meaning.

combine	enthusiastic	cruel	warrior

1 _____ You show how much you like or enjoy it by the way that you behave and talk.

2 _____ Join together to make a single thing.

3 _____ A situation or a person is very harsh and causes people to distress.

4 _____ A fighter or soldier, especially one in former times who was very brave and experienced in fighting.

★ 주어가 중요하지 않아서 목적어가 명사절인 문장을 수동태로 만들려면 가주어 it을 사용한다.

They say **that he is honest**. (사람들은) 그가 정직하다고 말한다.

➡ **It** is said (by them) **that he is honest**. (사람들은) 그가 정직하다고 말한다.

that절의 주어를 수동태의 주어로 사용할 수도 있다.

➡ **He** is said to be honest (by them). (사람들은) 그가 정직하다고 말한다.

★ 동명사의 명사적 역할 중 전치사의 목적어 역할도 잊지 말자.

Thank you **for coming** to my party. 파티에 와 주셔서 감사합니다.

I insisted **on seeing** the movie in which my favorite actor starred.
나는 내가 가장 좋아하는 영화배우가 나오는 영화를 보자고 주장했다.

★ 현재완료는 과거시제와는 달리 이전부터 현재까지 일어난 일을 나타내며 현재의 상태나 동작에 초점을 맞춰 '완료, 결과, 경험, 계속' 용법으로 구분한다.

She **has finished** writing her report. 〈완료〉 그녀는 보고서 작성을 끝마쳤다.

They **have been married** for five years. 〈계속〉 그들은 결혼한 지 5년이 되었다. (아직도 결혼한 상태이다.)

---

1 다음 괄호 안에서 알맞은 것을 고르시오.

He put off [making / to make] decisions till he had more information.

2 다음 두 문장이 같아지도록 빈칸에 들어갈 단어를 고르시오.

They say that my sister and I look alike.

= _____ is said that my sister and I look alike.

① It　　　　　　　② They　　　　　③ We　　　　　④ That

3 다음 밑줄 친 표현 중 용법이 다른 것을 고르시오.

① I have lost his watch.

② She has gone to Paris.

③ I have studied Japanese for 3 years.

④ Someone has broken the window.

Daily Assignment Book

Homeroom teacher : _____

수업일		Contents (수업내용)	Homework (과제물)	Check (숙제검사)	
월 일				Done	Didn't do
월 일				Done	Didn't do
월 일				Done	Didn't do
나의 학습 아킬레스건	나의 취약 부분은?			Done	Didn't do
	해결 방법은?			Done	Didn't do
			Parent's Signature		

※ 학생들이 학원에서 공부한 내용입니다. 바쁘시더라도 관심을 갖고 확인해 주십시오.

DAKS가 어떻게 이름을 얻었는지 알고 있나요?

DAKS(닥스)는 1894년 영국에서 시몬 심슨이 런던에 맞춤 양복점인 'House of Simpson'을 설립하면서 시작되었습니다. 사회 통념상 오직 맞춤복만이 사람들에게 수용되던 당시에 설립자 심슨은 미래지향적 사고로 맞춤복과 비교해도 손색이 없는 품질의 기성복을 생산해내면서 당시 일반인들의 기성복에 대한 인식에 일대 사고의 전환을 가져다주었죠.

기성복 시장에 대한 그의 예측은 유통과 생산 부문에도 이어져 각 도시의 도·소매상과 독립적으로 연결, 독자적 유통망을 구축했으며, 영국의 스토크 뉴잉톤에 세계 최초의 현대적인 남성복 제조 공장을 설립, 양질의 제품을 대량 공급할 수 있게 했습니다.

이런 성공에 힘입어 1910년대 중반에 이미 영국 패션시장의 선두업체 대열에 서게 된 'House of Simpson'은 1917년 시몬의 아들인 알렉산더가 회사 경영에 참여하면서 색다른 도약대에 올라서게 되었죠. 1930년대 초반 알렉산더는 belt나 brace(멜빵) 없이 입을 수 있는 바지를 개발하고 dad와 slacks를 합성해서 DAKS라는 이름을 붙였는데, 이 바지가 크게 성공하면서 DAKS라는 브랜드가 세계 널리 알려지게 되었습니다. DAKS(닥스)는 현재 남성복뿐만 아니라 여성복, 골프웨어, 액세서리까지 생산하고 있으며 영국을 대표하는 브랜드로 전 세계인의 인정을 받고 있습니다.

Chapter 02

 단원 어휘

- ☐ **introduce** v. 소개하다, 도입하다
- ☐ **place** v. 두다, 놓다, 앉히다 n. 장소
- ☐ **scarce** a. 부족한, 드문, 진귀한
- ☐ **modern** a. 근대의, 현대의
- ☐ **name** n. 이름, 명성 v. 명명하다
- ☐ **honor** n. 명예, 영광 v. 존경하다
- ☐ **president** n. 대통령, 회장, 의장
- ☐ **foresee** v. 예견하다, 미리보다
- ☐ **theory** n. 학설, 이론
- ☐ **convince** v. 확신시키다, 설득하다
- ☐ **despair** n. 절망 v. 절망하다
- ☐ **stand** v. 서다, 참다, 견디다
- ☐ **tension** n. 긴장, 불안
- ☐ **reaction** n. 반작용, 반응
- ☐ **effect** n. 결과, 효과, 영향
- ☐ **savage** a. 야만적인 n. 야만인
- ☐ **initiate** v. 시작하다, 창시하다
- ☐ **characteristic** n. 특징
- ☐ **statue** n. 조각상
- ☐ **superiority** n. 우월

Mini Quiz

1 in _____ 제자리에, 적당한, 적절한

2 _____ life 현대 생활

3 win _____ 명예를 얻다

4 _____ the future 미래를 내다보다

5 be possible in _____ 이론상으로 가능하다

6 _____ oneself of ~을 확신하다

7 an allergic _____ 알레르기 반응

8 a harmful _____ 악영향

9 _____ in common 공통적 특성

10 _____ of Liberty 자유의 여신상

단락의 전개방식 - 문제 / 해결

교통, 문화, 경제, 환경, 건강 등의 수많은 문제점들을 안고 있는 이러한 현 시점에 걸맞게 다양한 시사성 있는 문제로 '문제 – 해결'의 단락 구조 방식의 글이 많이 출제되고 있는 추세이다. 글을 쓰는 작가가 단락의 전개방식으로 문제−해결의 구조를 이용하여 글을 쓸 때 작가의 주된 목적은 문제를 글의 서두에 제시하여 그 제시한 문제를 작가가 나름의 해결책을 제시하게 된다. 주제나 요지와 같이 핵심 내용을 효과적으로 전달하기 위한 방법으로 지문의 서두에 문제점을 빠르게 훑어 읽고 글의 중/후반부에 집중해서 작가가 제시하는 해결책을 꼼꼼히 살펴봐야 한다. 해결 부분에서 글의 주제나 요지 문제를 만든다. 빈칸완성 문제로 글의 후반부에 빈칸이 제시될 수 있는데 작가가 문제제기에 대한 해결책에 근거하여 빈칸의 답을 찾아야 한다. 또한 글의 서두에서 문제점과 해결책을 동시에 제시할 수 있는데 결국에는 해결책에 작가는 자신의 생각을 드러낸다.

작가의 견해가 있는 문제 해결책 제시 부분에서는 전체 글의 주제나 요지가 되므로 다음과 같은 표현들이 사용될 경우 집중해서 읽어야 한다. 또한 제목을 묻는 문제는 주로 작가가 제시한 문제점에서 제목을 설정해야 한다.

❶ 작가의 의견, 주장: I think (believe, insist, claim), In my opinion, For my part, As for me
❷ 당연, 강조: have to, must, need to, should, ought to, had better, important, necessary, significant, important, essential, remember, keep(bear) in mind, matter, count, belief, certainty, truth, fact, result, lesson, consequence
❸ 명령문과 의문문 활용
❹ 결론: In summary, Briefly, In short, Thus, Therefore, In conclusion

---

다음 글을 쓴 목적으로 가장 적절한 것은? 기출문제

¹ As a result of the economy, there aren't many jobs available right now. ² But don't be discouraged because there are some things you can try. ³ Have you considered taking night classes to train for another kind of job? Many workers learn new skills while keeping their regular jobs. ⁴ Another possibility is looking for a different type of job in your present company. ⁵ Finally, even if there are no other jobs around, be sure to relax. ⁶ Take time out to do things you enjoy after work in order to reduce the stress you experience during your workday.

① 칭찬하려고
② 질책하려고
③ 사과하려고
④ 문의하려고
⑤ 조언하려고

[논리독해]

Key-word : not many jobs

1 서두에 문제점 제기(there aren't many jobs available)

2 반박 + 명령문 + 작가의 생각인 주제문 암시(해결책 제시)

3, 4, 5 반박 이후에 구체적인 해결책을 나열함(Another, Finally)

6 해결책 제시 이후에 추가로 보충 설명

수험생의 눈

▶글의 목적은 주제를 찾는 것이므로 처음 1~2문장과 마지막 1~2문장을 집중해서 읽는다.

▶문제제기 부분은 훑어 읽고 작가가 해결책을 제시하는 반박(But) 부분과 명령문(don't be~, be sure to~)에 답의 단서가 나타난다.

History

The first bike was called a walk-along. (a) It was made in France in 1790. It resembled a wooden horse with wooden wheels. (b) Both wheels were the same size, and the pedal brakes were introduced. This kind of bike has been ridden ever since. (c) A rider made it go by pushing the ground with his or her feet, which was quite inconvenient for short people or children whose feet didn't reach the ground. There was no way to make a turn. About thirty years later, a handle was placed where the horse's head was. (d) That allowed a rider to turn the front wheel. However, it was very difficult for people to purchase one of them because they were very scarce. (e) In 1839, a blacksmith added foot pedals to make the back wheel move. The first modern bicycle was made in 1890.

1 **Choose the best title for this paragraph.**
① The History of Bikes
② The Person who Made the First Bike
③ The Bikes of France
④ The Man who Invented the Bikes
⑤ The Parts Used in Bikes

2 (a)~(e) 중, 글의 전체 흐름상 어색한 문장은?
① (a)   ② (b)   ③ (c)
④ (d)   ⑤ (d)

Check Your
VOCABULARY!

resemble	wooden	wheel	introduce
make a turn	place	purchase	scarce
blacksmith	add	foot pedal	modern

부정사 바로 앞자리에 있는 의미상 주어

🔻 **부정사 바로 앞자리**

In the classroom, it is important for students to be quiet and
concentrate on their studies.
교실에서 학생들이 조용히 하는 것과 공부에 집중하는 것은 중요하다.

🔻 **부정사 바로 앞자리**

It was silly of her to take the important test without studying.
그녀가 공부하지 않고 그 중요한 시험을 친 것은 어리석었다.

영어는 철저히 주어진 자리에서만 그 뜻을 가진다. to부정사의 동작의 주인(주어)을 나타내기 위해 부정사 바로 앞자리에 'for + 명사'나 'of + 명사'를 쓸 수 있다. 이 자리가 바로 부정사의 (의미상) 주어 자리가 되어 우리말 '누가, 누구는'의 뜻을 나타낸다. 의미상 주어 자리에 전치사로 보통 for를 쓰지만, 사람의 성질을 나타내는 형용사 (good, foolish, wise, cruel, careless, kind 등)가 오면 전치사 of를 사용한다.

집중하는 것(은) + 학생들이
➡ **학생들이** 집중하는 것(은)

to concentrate + students
➡ **for** students to concentrate

모든 동작을 나타내는 표현은 그 동작에 주체인 주어를 가진다. '전치사 + 명사(대명사는 목적격)'가 to부정사 바로 앞자리 있는 경우 우리말 '～가, ～는, ～이'의 뜻을 갖는다.

Practice

1 There is plenty of 많은 time for people to follow other interests. School should be a time for students to develop their strengths 강점 because today's world requires specialists 전문인, not generalists 만능인.

해석 ◐ _____

2 그녀는 for her 중요한 시험을 위해서 for the important test 공부하는 것이 to study 필요하다 necessary.

영작 ◐ _____

Super Speaking
1단계 : 처음 우리말과 영문을 보면서 영어로 말해본다.
2단계 : 영문을 손으로 가리고 우리말만 보면서 완전한 영어로 말할 수 있도록 3～4회 반복한다.

  이 단어들 중 몇 개는 내가 발음하기에 어렵다.

Some of these
words are difficult for
me to pronounce.

우리말을
영 어 로
옮 기 기

  그가 진실을 말한 것은 현명했다.

It was wise of him to tell the truth.

그 여행 가방은 내가 들기에 너무 무거웠다.

The suitcase was too heavy for me to lift.

거리 이름

Curiosity

Many cities and streets in the U.S. were named after the people who did something important. (a) The British people who first came to the United States named many places in the U.S. after the people whom they honored in England. (b) New York, for example, was named after the duke of York, the son of King Charles I. (c) After the war against England, American people did not want to use British names any more. (d) Thus, there are now twenty-seven towns or cities called Madison in honor of the fourth president of the U.S. (e) Twenty-six other places took the name Washington in honor of the first U.S. president. The practice of naming cities and streets after famous people not only occurs in the U.S. but in many other countries as well.

1 **Choose the best place for the sentence given below.**

> Instead, they began choosing names that honored American heroes.

① (a)　　　② (b)　　　③ (c)

④ (d)　　　⑤ (e)

2 **What is the article mainly about?**

① The practice of naming cities and streets in the U.S.A.

② Explanation of the British and American war

③ Reporting the number of cities in the U.S.A.

④ Mentioning the importance of twenty-seven cities called Madison

⑤ History of the American presidents

Check Your
VOCABULARY!

be named after	British	honor	duke
against	president	in honor of	practice
occur	as well	mention	

there be 구문

지진이 이다 + ~있(었)다 ➡ 지진이 있(었)다

⬇ **동사 바로 뒷자리**
There was a terrible earthquake in Japan last year.
작년에 일본에서 끔찍한 지진이 있었다.

⬇ **동사 바로 뒷자리**
There stands an old castle on the top of the mountain.
산꼭대기에는 오래된 성이 있다.

an earthquake + **there be**
➡ **There is(was)** an earthquake.

be동사는 1형식과 2형식의 문장 구성에 따라 나눠지지만, there be와 함께 쓰인 be동사는 대표적인 1형식 동사에 해당한다. 1형식이란 '주어 + 동사'로 이루어져 자동사로 쓰인 것을 말한다. 1형식을 결정짓는 '동사'가 따로 있는데, 특히 there be 구문에서 be동사 자리에 거의 모든 1형식 동사가 들어갈 수 있다. 1형식 문형은 '~이 있다, 존재하다'를 표현하는 게 보통이다.

there be는 동사 뒤에 주어의 자리가 정해져 있는 대표적인 구문이다. there be 뒤에 주어(명사)를 우리말 '(주어가) 있다'로 해석한다.

Practice

1 There has been a remarkable development 놀랄만한 발전 of science and technology since the end of World War II.

해석 ◐ _____

2 오늘날 Today, 약 40만의 인디언들이 about 400,000 Indians 미국 전역에 across the United States 흩어져 scattered 있다 there are.

영작 ◐ _____

Super Speaking 1단계 : 처음 우리말과 영문을 보면서 영어로 말해본다.
2단계 : 영문을 손으로 가리고 우리말만 보면서 완전한 영어로 말할 수 있도록 3~4회 반복한다.

 버스를 기다리는 많은 사람들이 있었다.

There were lots of people waiting for a bus.

우리말을 영어로 옮기기

 정원에 큰 나무가 하나 있다.

There is a big tree in the yard.

동물원에 많은 동물들이 있다.

There are many animals in the zoo.

 일주일에 7일이 있다.

There are seven days in a week.

Nature

In many cultures, the appearance of a comet (a) has been considered a bad omen. In the 1830s, one New York farmer (b) named William Miller told people that the world would end on October 22, 1844. Until an unexpected comet (c) suddenly appeared in the sky in 1843, people did not believe that Miller could foresee the future. However, the appearance of the comet (d) made people to believe his theory. Miller's followers were so convinced of the end of the world that many of them were horrified by the impending disaster and ran through their fortunes. They also tried to do whatever they could to ensure their survival. However, they were shocked and full of despair when the sun (e) rose as usual on October 23, 1844.

1 **Choose the grammatically incorrect answer from the underlined expressions above.**

① (a)   ② (b)   ③ (c)

④ (d)   ⑤ (e)

2 **밑줄 친 'ran through their fortunes'이 의미하는 바로 가장 적절한 것은?**

① 죽지 않기 위하여 뛰어 다녔다.

② 뛰어다니면서 재산을 나눠 주었다.

③ 죽기 전에 재산을 모두 써버렸다.

④ 재산을 지키기 위해 뛰어 다녔다.

⑤ 행운을 비는 마음으로 뛰어 다녔다.

Check Your VOCABULARY!

appearance	comet	bad omen	unexpected
appear	foresee	theory	convince
horrified	impending	fortune	despair

tell 의미 동사 + (명사) + that / wh~ / if

> 🔽 **동사 뒷자리** 🔽
> The police officer asked *me* where and when I was born.
> 경찰은 내게 어디에서 그리고 언제 태어났는지를 물었다.
>
> 🔽 **동사 뒷자리** 🔽
> The man asked *me* if my mother was at home.
> 그 남자는 나에게 엄마가 집에 있는지 없는지를 물었다.

전통 영문법에서는 '수여동사의 직접목적어 자리에 절이 오는 경우'라고 설명하는데 틀린 말은 아니지만, 학생들은 관계사와 명사절에도 모자라 또 다른 형태를 배우면서 매우 혼란스럽게 된다. that이나 wh~가 명사 바로 뒷자리가 아닌, 앞의 명사가 없는 것으로 가정하고 동사 바로 뒷자리에 위치하는 경우가 있다. that이나 wh-가 앞에 있는 명사를 꾸미는 것이 아닌 목적어 자리에서 목적어 역할을 하기 때문이다.

태어나다 + 어디에서 ~지
➡ **어디에서** 태어났는**지**

I was born + **where** ➡ **where** I was born

우리말은 '언제/어떻게/왜 ~는지'로 말 자체를 바꾸지만 영어는 정해진 자리만이 그 뜻을 나타낼 수 있다.
wh~, that, if가 각각 특정한 동사 뒤에서 자리 값을 가질 때 wh~는 의문사를 해석해서 '~지', that은 목적어처럼 '~것(을), ~라고, ~다고', if는 '만약'의 뜻이 아닌 '~인지 아닌지'의 의미값을 갖는다.

Practice

1 His boss told *him* that he was fired 해고당한.

해석 ◐ _____

2 그 이상한 남자는 The strange man 작은 소년에게 그의 할아버지가 어디에 사는지 물었다 asked.

영작 ◐ _____

Super Speaking
1단계 : 처음 우리말과 영문을 보면서 영어로 말해본다.
2단계 : 영문을 손으로 가리고 우리말만 보면서 완전한 영어로 말할 수 있도록 3~4회 반복한다.

 다음에 무엇을 해야 할지를 알려 주세요.

 Please inform me what I should do next. 우리말을 영어로 옮기기

 나의 아버지는 항상 내게 어떻게 인생에서 성공할지를 가르쳐 주신다.
My father always teaches me how I can succeed in life.

 그 택시기사가 우리에게 요금이 10달러라고 말했다.
The taxi driver told us that the fare was ten dollars.

 그 점원은 항상 고객에게 그들이 만족하는지 아닌지를 물어본다.
The clerk always asks his customers whether they are satisfied or not.

간지럽지 않니?

Psychology

Why is it that if you tickle yourself, it doesn't tickle, but if someone else tickles you, you cannot stand it? (a) If someone was tickling you and you managed to remain relaxed, it would not affect you at all. (b) Of course, it would be difficult to stay relaxed, because tickling causes tension for most of us, such as feelings of unease. (c) The tension is due to physical contact, the lack of control, and the fear of whether it will tickle or hurt. (d) There is no need to get tense and therefore, no reaction. (e) You will notice the same effect if you close your eyes, breathe calmly, and manage to relax the next time someone tickles you. 기출

1 **Choose the best place for the sentence given below.**

> However, when you try to tickle yourself, you are in complete control of the situation.

① (a)   ② (b)   ③ (c)   ④ (d)   ⑤ (e)

2 **What is the best title for this passage?**
① Let's Tickle Evermore!
② Tickling is a Form of Punishment.
③ Stop Tickling People!
④ Ticking Relaxes People.
⑤ Tickling: Does it Affect You?

Check Your VOCABULARY!

tickle	stand	manage to	affect
tension	unease	due to	physical contact
lack	reaction	effect	calmly

명사절 접속사로 쓰이는 whether

⬇ **문장 맨 앞자리**
Whether mankind will survive a nuclear war is doubtful.
인류가 핵전쟁에서 생존할 것인지 아닌지 의심스럽다.

⬇ **동사 뒷자리**
Now the most difficult decision is whether I should go to college or get a job.
지금 가장 중요한 결정은 내가 대학에 가야 할지 아니면 취직을 해야 할지이다.

접속사 whether는 명사절을 이끌어 문장에서 주어, 목적어, 보어 등의 역할을 한다. 명사절을 이끄는 whether는 우리말 '~인지 아닌지'의 뜻을 나타내고 주로 문장 맨 앞 또는 동사 뒤에 위치하고 주어, 동사를 데리고 하나의 문장이 명사 자리에 들어간다.

생존할 것이다 + ~인지 아닌지
➡ 생존할지 아닌지

S + will survive + **whether**
➡ **whether** + S + will survive

whether는 대표적인 명사절 접속사로 우리말 '~인지 아닌지'의 뜻을 갖는다. 정해진 자리는 '주어와 동사'를 데리고 문장 맨 앞자리 또는 동사 뒷자리에 위치한다.

| Practice

1 Biologists 생물학자들 studying sleep have concluded 결론지었다 that it makes little difference whether a person habitually 습관적으로 sleeps during the day or during the night.

해석 ◉ _____

2 모든 것은 everything 네가 you 시험을 통과할 것인지 아닌지에 pass the examination 달려 있다 depends on.

영작 ◉ _____

| Super Speaking
1단계 : 처음 우리말과 영문을 보면서 영어로 말해본다.
2단계 : 영문을 손으로 가리고 우리말만 보면서 완전한 영어로 말할 수 있도록 3~4회 반복한다.

 일을 계속할 건지 말 건지를 결정해라.

 Decide whether or not you're going to continue the job.
우리말을 영어로 옮기기

 나는 그녀의 말이 사실인지 아닌지 의심스럽다.
I doubt whether her remark is true or not.

 여전히 파티를 하는지 아닌지 확인해주세요.
Please check whether we're still having a party.

 그녀가 부자인지 아닌지는 내게 중요하지 않다.
Whether she is rich or not is not important to me.

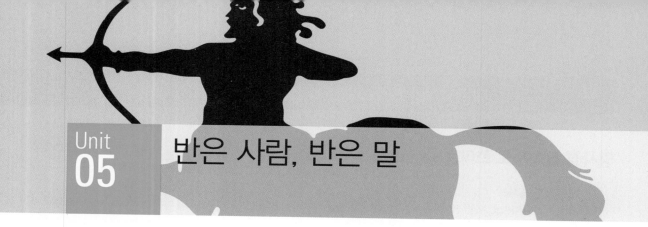

반은 사람, 반은 말

Myth

The Greeks believed that a centaur was a horse-like creature with a human upper body. (a) Living in the mountains of Thessaly and Arcadia, centaurs were believed to lead a wild and savage life. _____ their lifestyle, they were usually referred to as 'savage beasts.' (b) For example, they were so ignorant and illiterate that they only did physical labor most of the time.

There is a myth behind this degrading image. There was a king named Pirithous. While he and his people were singing, dancing, eating, and drinking wine on his wedding day, one drunken centaur kidnapped Dei Damia, the bride of Prithous. (c) Even though the sturdy centaurs fought for their lives, all of them were killed during this battle. (d) This story reflects the centaurs' reckless and barbarian characteristics. (e)

In later times, statues or paintings of centaurs often showed they were the horses of the gods, pulling the cart of Dionysus, the god of wine, or being ridden by Eros, the god of love. The myth about centaurs, and the battle between them and the humans, had a symbolic meaning. It showed the superiority of Greek culture.

1 글의 흐름으로 보아, 다음 주어진 문장이 들어가기에 가장 적절한 곳은?

> The angry king initiated a war against the centaurs immediately, and there arose a great battle.

① (a)　　　　② (b)　　　　③ (c)

④ (d)　　　　⑤ (e)

2 빈칸에 들어갈 말로 가장 적절한 것은?

① Including

② Unlike

③ Despite

④ Because of

⑤ Remembering

3 밑줄 친 It이 가리키는 것으로 가장 적절한 것은?

① The battle

② Symbolic meaning

③ The myth

④ Centaurs' characteristics

⑤ None of the above

4 이 글의 내용과 일치하지 <u>않는</u> 것은?

① Centaurs were valiant and intelligent.

② Prithous declared a war because of his bride.

③ Centaurs' characteristics are savage and untamed.

④ Statues or paintings of centaurs were made later on.

⑤ Centaurs worked as horses for Eros and Dionysus.

A Translate into English.

1 ~와 닮다 _____

2 나무의, 나무로 만든 _____

3 현대(식)의 _____

4 창안하다, 도입하다 _____

5 ~을 따서 이름이 지어지다 _____

6 존경하다, 명예를 주다 _____

7 대통령 _____

8 ~에 경의를 표하여 _____

9 예기치 않은, 뜻밖의 _____

10 나타나다 _____

11 재산 _____

12 간질거리게 하다 _____

13 참다, 견디다 _____

14 긴장감 _____

15 불안 _____

16 효과, 결과 _____

17 미개의, 야만적인 _____

18 납치하다, 유괴하다 _____

19 상징적 의미 _____

20 무모한 _____

21 구입하다 _____

22 이론 _____

23 절망 _____

24 부족, 결핍 _____

25 무지한 _____

B Translate into Korean.

1 make a turn _____

2 place _____

3 wheel _____

4 scarce _____

5 duke _____

6 British _____

7 practice _____

8 comet _____

9 foresee _____

10 appearance _____

11 convince _____

12 bad omen _____

13 due to _____

14 calmly _____

15 physical contact _____

16 affect _____

17 characteristic _____

18 degrading _____

19 initiate _____

20 refer to _____

21 occur _____

22 impending _____

23 horrified _____

24 illiterate _____

25 reflect _____

C Choose the correct answers to each question.

1 It was very difficult for people to purchase one of them because they were very _____.

① common   ② modern

③ scarce   ④ wooden

2 It would be difficult to stay relaxed, because tickling causes _____, for most of us.

① stand   ② comfort

③ tension   ④ physical contact

3 The angry king _____ a war against the centaurs immediately, and there arose a great battle.

① kidnapped   ② initiated

③ degrading   ④ referred to

D Translate into English or Korean.

1 It is not rare for consumers to overpay or walk away without getting a good deal.

_____

2 내가 파티에 무엇을 가지고 가야 하는지 말해 주세요. (tell, bring)

Please _____ to the potluck party.

3 네가 돈을 많이 버는지가 아니라, 네가 그 직업을 좋아하는지 아닌지에 달려 있다. (earn, job)

It does not depend on _____, but on _____ or not.

E Choose the correct words to fill in the blanks.

1 It is essential _____ the Internet shopping mall to deliver the products on time.

① for   ② to   ③ of   ④ in

2 He thought he would go back as long as _____ a reason to do so.

① there will be   ② there being

③ there be   ④ there was

3 If you are asked _____ you can do this job, you should answer positively and eagerly.

① or   ② if   ③ what   ④ so

4 You have only one option to choose regardless of _____ you like it or not.

① where   ② wherever

③ whether   ④ weather

F Choose the proper expressions to fill in the blanks.

due to	in honor of	refer to

1 This statue was built _____ King Sejong.

2 Neglecting air resistance, an object dropped near the surface of the Earth with constant acceleration _____ gravity.

3 Early European settlers used to _____ America as the New World.

★ 5형식 문장에서 사역동사(make, have, let)의 목적격 보어로 동사원형을 써야 한다.

If you **have** the porter **carry** your luggage, you should give him a tip.

만약 포터에게 네 짐을 옮기게 했다면 팁을 줘야 한다.

There isn't anything she can do to **make** her son **be** quiet.

그녀의 아들을 조용히 시키기 위해 그녀가 할 수 있는 것은 없다.

★ 감정을 나타내는 형용사 역할을 하는 현재분사와 과거분사는 주어가 그 감정을 주는 원인인지, 감정을 느끼는 주체인지에 따라 구별해 쓴다.

The movie we saw yesterday was **interesting**. 〈주어가 감정의 원인〉 우리가 어제 본 영화는 흥미있었다.

I was so **moved** when I saw that movie. 〈주어가 감정을 느끼는 주체〉 그 영화를 봤을 때 나는 너무 감동받았다.

★ 〈There be + 명사〉 구문에서 be동사 뒤에 오는 명사(주어)의 수와 일치시켜야 한다.

There **is** *an important meeting* that I have to attend. 내가 꼭 참석해야 하는 중요한 회의가 있다.

There **will be** *a meal* for us in the dining room tomorrow morning.

내일 아침 식당에 우리를 위한 식사가 있을 것이다.

1 다음 각 괄호 안에서 어법상 알맞은 것을 고르시오.

It usually happens these days that parents let their children [to run / run] and [play / plays] in the restaurant.

2 다음 괄호 안에서 어법상 알맞은 것을 고르시오.

He was [confusing / confused] to choose the birthday present for his girlfriend, so he wandered around the shopping mall for hours.

3 다음 문장에서 틀린 부분을 찾아 바르게 고치시오.

There is a lot of problems to discuss last week. _____

Daily Assignment Book

Homeroom teacher : _____

수업일		Contents (수업내용)	Homework (과제물)	Check (숙제검사)	
월	일			Done	Didn't do
월	일			Done	Didn't do
월	일			Done	Didn't do
나의 학습 아킬레스건	나의 취약 부분은?			Done	Didn't do
	해결 방법은?			Done	Didn't do
			Parent's Signature		

※ 학생들이 학원에서 공부한 내용입니다. 바쁘시더라도 관심을 갖고 확인해 주십시오.

행운, 운명 또는 인연 등을 믿나요?

미국 차아나타운의 중국 식당에서 차와 함께 나오는 행운의 과자가 있습니다. 정작 중국에선 볼 수 없는 이 쿠키 안에는, 행운의 덕담이 적힌 종이쪽지가 들어 있어 먹는 재미에 보는 재미를 더해 줍니다. 과자 속에 숨겨진 행운의 메시지가 호기심을 불러일으키는 Fortune Cookie는 미국의 중국 식당에서는 식사 후 분위기를 부드럽게 하기 위해 계산서와 함께 제공되는 중국 요리를 즐기는 당연한 코스의 부산물이 되어 있습니다.

실제로 이 쿠키는 중국인이 아닌, 1909년 샌프란시스코의 일본인 정원사 코카 하지와라가 만들기 시작하여 현재까지 전 세계적으로 널리 사용되고 있습니다. 인생의 점괘를 보듯 Fortune Cookie를 깨뜨리면 나오는 행운의 글귀가 미국인들에겐 매력적인 중국 문화로 느껴졌고, 지금은 중국 식당이란 말을 들으면 제일 먼저 머리에 떠오르는 명물로 사랑받고 있습니다.

Fortune Cookie는 독특한 모양과 맛의 즐거움뿐만 아니라 그 속에 숨겨져 나오는 다양한 점괘나 이벤트 문구로 식사의 특별한 마무리를 담당하고 있습니다. 즉, 고객들의 혀와 마음에 재미있는 식사(Fun Meals)라는 기억을 제공하고 있습니다. 특히, 최근에는 식당의 디저트용으로뿐만 아니라 파티, 전시회, 패션쇼, 결혼식 등 각종 이벤트 행사에서 다양한 용도로 사용되고 있습니다. 최근 미국의 한 마케팅회사에 의하면 Fortune Cookie를 받은 사람 중 94%는 자신의 메시지 내용을 읽고, 그 중 65%는 옆 사람들에게 크게 읽어 준다는 조사 결과를 발표했습니다.

Chapter
03

 단원 어휘

- ☐ notice n. 통지 v. 알아차리다
- ☐ depict v. ~을 표현하다, 묘사하다
- ☐ slave n. 노예
- ☐ lengthy a. 긴, 장황한
- ☐ portray v. 그리다, 묘사하다
- ☐ expedition n. 탐험, 원정대
- ☐ craft n. 기능, 기술, 잔꾀
- ☐ invasion n. 침입, 침략
- ☐ impose v. (의무를) 강요하다
- ☐ ethnic a. 인종의, 민족의
- ☐ stick to ~을 고수하다
- ☐ moral a. 도덕의, 정신적인
- ☐ intense a. 열정적인, 격렬한
- ☐ psychological a. 심리학의, 심리적인
- ☐ benefit n. 혜택, 이익
- ☐ strengthen v. 튼튼하게 하다
- ☐ forsaken a. 버림받은
- ☐ victim n. 희생자, 피해자
- ☐ derive v. ~로부터 유래하다
- ☐ fatal a. 치명적인

Mini Quiz

1 _____ him as a hero 그를 영웅으로 묘사하다

2 a _____ explanation 장황한 설명

3 a(n) _____ of individual privacy 개인 사생활 침해

4 _____ Koreans in Los Angeles L.A.의 한국계 민족

5 _____ the rule 규칙을 고수하다

6 _____ standards 도덕적 기준

7 public _____ 공익

8 _____ one's body 몸을 건강하게 하다

9 _____ of crime 범죄의 피해자들

10 a(n) _____ wound 치명상

연결사 문제 추론

연결사·추론 문제는 문맥을 통해 문장이나 단락의 미완성된 부분을 논리적으로 추론하는 문제이다. 글의 흐름을 연결하는 역할을 하는 것이 바로 연결사이므로 마치 우리가 모르는 길을 찾아갈 때, 우리에게 효율적으로 길을 안내해주는 이정표와 같다. 연결사는 앞뒤의 내용을 논리적으로 연결시켜 주기 때문에 연결사 자체를 찾는 문제가 출제 대상이기도 하면서 기타 여러 유형의 문제를 해결하는데 가장 핵심적인 역할을 하기도 한다.

연결사 넣기 유형의 급소

❶ 글의 흐름과 선택지 등을 살펴서 들어가야 할 연결어의 성격(예시, 인과 등)을 예상해라. – 전체 글의 흐름이나 요지를 파악하면 문장 간의 연결 관계(예시, 인과, 역접, 부가 등)를 알 수 있으므로 글의 내용과 전개 방식을 추론하여 연결사를 예상해 본다.

❷ 빈칸의 앞문장과 뒷문장이 어떤 논리적 관계인지를 살펴라. – 뒷문장이 앞문장의 예시인지, 결과인지, 부연 설명인지, 또는 상반된 내용인지를 꼼꼼히 따져 보라.

❸ 빈칸의 앞뒤에 상반된 뜻을 나타내거나 유사한 뜻을 나타내는 표현이나 어휘가 있는지를 살펴라. – 빈칸을 중심으로 앞내용과 뒷내용이 서로 상반된 내용이 확인되면 however과 같은 연결사가 필요하다. 앞내용과 비슷한 내용이 전개되거나 열거되면 likewise, in addition과 같은 연결사가 들어가야 한다.

❹ 자주 출제되는 연결어의 쓰임을 정확히 익혀둔다. – 연결어는 그 자체가 출제의 대상이기도 하지만 다른 유형의 문제들(요지, 주제, 주장, 제목 찾기 등)을 해결하는데 있어 매우 중요한 역할을 하므로 다양한 연결어들의 쓰임을 익혀둘 필요가 있다.

예시: for example/instance, 인과: therefore, as a result, 첨가: moreover, in addition, 비교유사: likewise, similarly, in the same way, 대조: on the other hand, on the contrary, conversely, 결론: so, therefore, hence, in conclusion, 요약: in short, in brief, in a word, to sum up, briefly, 원인: because, since, for, owing to, due to, on account of, 양보: (even) though, in spite of, nevertheless(nonetheless)

다음 글의 빈칸에 가장 적절한 것은? 기출문제

¹ We simply do not have the technology to travel to the nearest star in human lifetime. ² Will this change? Yes and no. Humans are learning how to travel faster and farther. ³ But like all beings in the universe, we face a speed limit, the speed of light, which is about 300,000 kilometers per second. ⁴ Today our spaceships are only capable of less than one percent the speed of light. _____, we explore the universe by observing it with all kinds of telescopes.

① Because of this
② For this purpose
③ In comparison to this
④ In this manner
⑤ At the beginning of this

[논리독해]

Key-word : not have the technology to travel to the nearest star

2, 3 기술부족으로 인한 속도 한계에 직면 언급

4 그러한 속도 기술의 한계로 인한 결론 언급

수험생의 눈

▶빈칸의 위치를 파악한다. 마지막 문장이 이 글에서 어떤 역할을 하는지 예상한다.

▶빈칸 앞은 원인(기술 부족), 빈칸 뒤는 그 결과로 망원경을 이용해서 우주를 탐사한다.

단락의 전개방식

원인 ➡ 결과

인종차별

History
& Person

When Jacob Lawrence was a child, he wanted to become an artist. In order to learn how to paint, he walked a few miles from his house to art museums everyday. After a while, he noticed that those museums did not have any paintings of black people. Lawrence decided to draw pictures which would tell the stories of black people. One of his works depicted the story of Toussaint L'Ouverture, a slave who helped free Haitian people. He also painted the story of Frederick Douglass. Soon he became a famous painter. During his lengthy artistic career, Lawrence concentrated on depicting the history and struggles of African Americans. Lawrence's work often portrayed important periods in African-American history. Today Lawrence's paintings are hung in the same museums he went to visit when he was a child.

1 **Choose the sentence that best explains "Jacob Lawrence" in this paragraph.**
   ① He was upset at the museums which did not allow him in.
   ② He was a painter as well as a writer.
   ③ He grew up to work in the museum.
   ④ He painted scenes mostly from African-American history.
   ⑤ He got a lot of information from museums.

2 Jacob Lawrence가 흑인들의 그림을 그린 이유는 무엇인가?
   ① Because he was one of them and he wanted to boast about black people.
   ② He was brought up by black people.
   ③ Because Frederick Douglass was a black man.
   ④ The owner of the museum was a black man.
   ⑤ He wanted to depict the lives of black people and there were no paintings of them.

Check Your
VOCABULARY!

after a while	notice	depict	slave
free	Haitian	lengthy	concentrate on
struggle	portray	hang	boast

의문사 + to부정사

I learned how to play a traditional Korean musical instrument:
the janggu.
나는 한국의 전통 악기인 장구를 어떻게 연주하는지 배웠다.

We must know how to read as well as what to read.
우리는 무엇을 읽어야 할지 뿐만 아니라 어떻게 읽어야 할지를 알아야 한다.

'의문사 + to부정사'는 주어 또는 목적어 자리에 들어간다. 의문사의 의미를 살려 주어 자리는 '~지(는/은/가)'로 해석하고 동사 뒷자리 즉, 목적어 자리에 있을 때는 '~지(를)'로 해석한다.

읽다 + **어떻게 ~지 ➡ 어떻게 읽어야 할지**

read + **how to ➡ how to** read

의문사가 뒤에 부정사를 데리고 '의문사 + to 부정사'의 어순으로 문장에 들어가면 의문사 본래의 뜻을 살려 우리말 '~지'를 붙여 해석한다. 문장에 들어가는 자리는 전혀 중요하지 않고 무조건 'wh~ + to v'는 우리말 '~지(는/를)'의 뜻을 갖는다.

Practice

1 The doctor wondered how to tell the patient that he had only five weeks to live.

해석 ○ _____

2 윤선이는 Yoon-seon 좋은 생각들을 good ideas 가지고 있었으나 그것들을 어떻게 표현해야 할지를 how to express 몰랐다 didn't know.

영작 ○ _____

Super Speaking 1단계 : 처음 우리말과 영문을 보면서 영어로 말해본다.
2단계 : 영문을 손으로 가리고 우리말만 보면서 완전한 영어로 말할 수 있도록 3~4회 반복한다.

 다음에 무엇을 할 것인가는 그녀에게 달려있다.

It's up to her to decide what to do next.

우리말을
영 어 로
옮 기 기

 뭐라고 사죄의 말씀을 드려야 할지 모르겠습니다.

I don't know how to apologize to you.

 휴가에 어디로 갈지 결정했니?

Have you decided where to go for your vacation?

 음악 산업은 누구를 스타로 만들지를 결정한다.

The music industry decides whom to make a star.

줄리어스 시저

In 55 B.C., Julius Caesar sent an expedition of soldiers to invade Britannia, an island whose name was changed to Great Britain later. The Romans built colonies and ruled much of the island. For approximately 500 years, the Romans brought many changes to Celtic life. They built highways which connected London, the Celts' largest town, to outlying villages. Building roads is probably very ordinary for people these days but these roads were unique to Roman culture and rule. The Romans also built fortresses, temples, and walls, set up a government system based on the Roman system, taught the Celts Roman arts and crafts, and introduced Roman trading methods, including the use of metal coins.

1　**What is the main idea of this paragraph?**
　① Lots of changes in Celtic life during the Roman period
　② The powerful Roman government
　③ Accomplishments made by Julius Caesar
　④ Differences between old Britannia and Great Britain
　⑤ The Roman invasion of Britannia

2　**Which of the following information is NOT contained in the article?**
　① The Roman way of trading was introduced into the Celts.
　② Highways were constructed to connect London with remote villages.
　③ The Celts welcomed 500 years of Roman rule.
　④ The government system of Britannia was influenced by the Romans.
　⑤ The Romans contributed much to the development of Great Britain.

Check Your VOCABULARY!

expedition	invade	Britannia	colony
approximately	Celtic	outlying village	fortress
craft	trading method	metal coin	invasion

쉼표 바로 뒷자리에 있는 현재분사

⬇ **쉼표 바로 뒷자리**
My father sat on the sofa, reading a newspaper.
아버지는 신문을 읽으면서 소파에 앉아 계셨다.

⬇ **쉼표 바로 뒷자리**
The ghost stood by the window, looking at me.
그 귀신은 나를 쳐다보면서 창문 옆에 서 있었다.

부대상황을 나타내는 분사구문은 동작이나 사건이 잇달아 발생하는 경우와 두 가지 동작이 동시에 행해지는 경우로 크게 나눌 수 있다. 이러한 문법적인 이론보다 더 중요한 것은 정확한 독해이다. 문장 중간에 쉼표(,)로 분리되어 바로 ~ing가 나오면 우리말 '~하면서'를 붙여 해석한다. 쉼표가 없을 때도 있으나 많은 읽기를 통해 저절로 구별이 될 수 있으니 걱정하지 않아도 된다.

읽다 + **~하면서** ➡ 읽으면서

read + **~ing** ➡ read**ing**

V-ing가 쉼표 바로 뒷자리에 있을 때 이 자리의 우리말이 '~하면서'의 뜻을 나타낸다. V-ing가 문장의 정해진 자리에 따라 '~것(은/을)'로 해석되기도 하고 '~하고 있다'의 뜻을 나타내기도 한다. 이 모든 의미는 철저히 주어진 자리에 따라 결정된다.

| Practice

1 Recently, a severe disease 심각한 질병 hit 강타했다 Asian nations hard, causing several hundred deaths.

해석 ⭕ _____

2 그는 빗소리를 들으면서 listening to the sound of rain 오랫동안 for a long time 의자에 앉아 있었다 sat on the chair.

영작 ⭕ _____

| Super Speaking　　1단계 : 처음 우리말과 영문을 보면서 영어로 말해본다.
　　　　　　　　　　　2단계 : 영문을 손으로 가리고 우리말만 보면서 완전한 영어로 말할 수 있도록 3~4회 반복한다.

 그와 마주하고 있는 여자가 광채를 발하면서 그 반지를 끼고 있었다.

The girl across from him was wearing the ring, beaming.
우리말을 영어로 옮기기

 관객들은 큰 소리로 환호하고 박수를 치면서 열광했다.
The audience went wild, cheering and clapping loudly.

 그녀는 아침을 먹으면서 만화책을 읽는다.
She reads the comic books, eating her breakfast.

 그들은 기사에 대해 이야기하면서 거실에서 기다리고 있었다.
They were waiting in the living room, talking about the article.

학교의 교육

(A) **Schools** should not impose religion or indoctrinate children. Children come from many different cultural, ethnic and religious backgrounds. This means that it is difficult to agree on which set of values to teach. Even if they could agree on values, they still wouldn't know how to teach ethics outside of a framework provided by religion. Schools should stick to academics, leaving moral education to the parents and the community.

(B) American public schools neglected their role as moral educators. The high costs of this neglect have become unbearable. There are a lot of materialism and greed behind the public scandals. People try not to take responsibility for their actions. Employees often steal from their employers, and students cheat on their exams. The schools should go back to teaching the differences between right and wrong. 기출

1 (A)와 (B)의 주제가 옳게 짝지어진 것은?

(A)	(B)
① 학생집단의 동질성	… 비도덕성의 만연
② 학교 윤리교육의 배제	… 학교 윤리교육의 필요성
③ 학교 윤리교육의 필요성	… 학생집단의 이질성
④ 학생집단의 동질성	… 학교 윤리교육의 배제
⑤ 학교 윤리교육의 필요성	… 학교 윤리교육의 필요성

2 (A)와 (B)의 공통된 제목으로 가장 적절한 것은?
① Public Relations ② Family Ethics ③ Ethics Education
④ Public School System ⑤ Religious Backgrounds

Check Your
VOCABULARY!

impose	religion	indoctrinate	ethnic
ethics	framework	stick to	moral
unbearable	materialism	greed	cheat

명사 바로 뒷자리에 있는 과거분사

⬇ **명사 뒷자리**
The number of foreigners interested *in Korean language* has increased over the past few years.
지난 몇 년 사이에 한국어에 관심이 있는 외국인의 수가 증가했다.

⬇ **명사 뒷자리**
The girl injured *in the accident* was taken to the hospital.
사고에서 부상당한 그 소녀는 병원으로 옮겨졌다.

과거분사는 '수동, 완료'의 의미를 나타낸다. 명사를 수식하는 역할의 과거분사는 주어를 수식하는 경우 과거 동사와 구분을 잘못하여 과거분사를 동사로 판단하지 않아야 한다. 또한, 명사와 과거분사 사이에는 '관계사 + be동사'가 생략된 것으로 이해할 수 있다(The girl [who was] injured).

부상을 입히다 + **~당한** ➡ 부상**당한**

injure + **~ed** ➡ injur**ed**

우리말은 말의 어미를 직접 고쳐서 말을 만들지만 영어는 정해진 자리에서만 그 의미를 나타낼 수 있다. V-ed(과거분사)가 명사 바로 뒷자리에 있을 때 우리말 '~진, ~된, ~ㄴ(니은)'으로 해석해서 앞에 있는 명사를 꾸며 주며 해석한다.

Practice

1 Numbers are the symbols used in mathematics.

해석 ◐ _____

2 나는 한국에서 in Korea 만들어진 made 차를 사고 싶다 want to buy.

영작 ◐ _____

Super Speaking

1단계 : 처음 우리말과 영문을 보면서 영어로 말해본다.
2단계 : 영문을 손으로 가리고 우리말만 보면서 완전한 영어로 말할 수 있도록 3~4회 반복한다.

 하얀 옷을 입은 그 여자는 유명한 여배우이다.

The woman dressed in white is a famous actress. 우리말을 영 어 로 옮 기 기

 모든 것은 내 정원에서 재배된 식물이므로 그것은 완전히 유기농이며 먹기에 안전하다.

All of this is food grown in my garden, so it is purely organic and safe to eat.

 지난주에 경찰에 의해 체포된 그 살인자는 감옥에서 죽었다.

The murderer arrested by the police last week died in jail.

 땅에 떨어진 낙엽들을 봐.

Look at the leaves fallen on the ground.

몸짱이 대세

Health

There are certain reasons why some people are very intense about exercising because they have tasted great results through it. Exercise, in moderation, offers both physical and psychological benefits. It develops your muscles and thus makes your body more attractive. In addition, if you work out everyday, it can help you maintain your weight. In fact, unless you increase the amount of food you eat, you may even lose weight. Exercise also can be of benefit to your mental health. It can help you feel better about yourself since working out on a regular basis demonstrates self-discipline and commitment. Finally, exercise can help you stay healthy. Vigorous exercise strengthens your lungs and heart, helps you to have more energy, and perhaps even _____ your life.

1 **What is the correct word to fill in the blank?**

① prohibits   ② lengthens   ③ takes

④ ignores   ⑤ notices

2 **What is the writer's opinion about exercising?**

① It is very effective for dieting.

② You should exercise hard to be healthy.

③ It has many advantages in general.

④ It improves your heart and lungs to work more efficiently.

⑤ It can make you into a glamorous person.

Check Your VOCABULARY!

intense	in moderation	psychological	benefit
muscle	attractive	work out	unless
lose weight	on a regular basis	demonstrate	self-discipline
commitment	vigorous	strengthen	lung

help 동사와 함께 쓰이는 to부정사 (5형식)

이해하다 + ~는 것 ➡ 이해하는 것

understand + to ➡ to understand

⬇ **목적어 뒷자리**

His history book helps us (to) understand the world.
그의 역사책은 우리가 세계를 이해하는 데 도움을 준다.

⬇ **목적어 뒷자리**

Lisa helped me (to) work on the report.
Lisa는 내가 이 보고서 작성하는 것을 도와주었다.

to부정사가 목적격 보어 자리 즉, 목적어 바로 뒷자리에 올 때 부정사를 우리말 '~는 것(을), ~하는데'의 뜻을 갖는다. 우리말은 말의 토씨를 바꾸지만 영어는 to를 붙여 정해진 자리에 들어가야만 그 역할과 뜻을 가질 수 있다.

help는 3형식 동사로 사용되기도 하지만, 5형식 문장에서 사용이 되면 '준사역 동사' 역할을 한다. '목적어가 목적격 보어하는 것을/하게 도와주다, 돕다'의 뜻이 된다. help 동사는 목적격 자리에 오는 to부정사의 to를 쓰기도 하고, to를 빼고 동사원형을 쓰기도 한다.

Practice

1 Beyond its nutritional benefits 영양상의 혜택 for babies and adults, milk also contains acids that help the body sleep more easily.

해석 ⊙ _____

2 나는 그가 그 일을 끝내는 것을 complete the job 도와주었다 helped.

영작 ⊙ _____

Super Speaking 1단계 : 처음 우리말과 영문을 보면서 영어로 말해본다.
2단계 : 영문을 손으로 가리고 우리말만 보면서 완전한 영어로 말할 수 있도록 3~4회 반복한다.

게다가, 운동을 하면 밤에 단잠 자는 것을 도와준다.

In addition, exercise can help you sleep better at night.

우리말을
영어로
옮기기

친구와 이야기하면 덜 외롭게 느껴질 것이다.

Talking to a friend can help you feel less isolated.

바다의 산호는 의사들이 뼈의 골절을 치료하는 데 도움을 주는 주요한 역할을 하게 될 것이 확실하다.

Ocean coral will surely play a major role in helping doctors to repair bone fractures.

그녀는 항상 내가 영어 공부하는 것을 도와준다.

She always helps me to study English.

Curiosity

If you watch Hollywood movies, you may (a) <u>have seen</u> at least one movie about vampires even if you are not fond of horror movies. According to a European myth, vampires are the forsaken monsters. Vampires are active only at night, because they are dark creatures. They arise from the grave at night, and feed themselves on the blood of living humans. The victim may die or turn into a vampire. According to the myths and (b) <u>derived</u> stories, usually a person becomes a vampire if the blood of a vampire (c) <u>will get</u> into his or her blood.

It is said that the only way to kill a vampire is to stab it with a wooden stake through its heart. However, they have such superb physical abilities, speed and intelligence that it is so difficult to capture or kill them. You may have wondered if these stories are true or not, and if vampires really exist in the real world. Obviously, vampires do not exist. _____, there are vampire bats. Vampire bats (d) <u>are found</u> in Central and South America and parts of Asia. It is a kind of bat (e) <u>which have</u> sharp teeth and suck the blood of birds and mammals but not humans. But their bite is not fatal. They suck only about 3ml of blood at a time.

1　**Choose the best title of this passage.**

　① Truth and Myth about Vampires

　② Inhumanity of the Vampires

　③ Victims of the Vampires

　④ Affliction of the Vampires

　⑤ Ruler of the Darkness

2　**Choose the underlined part that is grammatically incorrect.**

　① (a)　　　　② (b)　　　　③ (c)

　④ (d)　　　　⑤ (e)

3　**Choose the best word(s) to fill in the blank.**

　① As a result　② However　③ Similarly

　④ On account of　⑤ Owing to

4　**이 글의 내용과 일치하지 <u>않는</u> 것은?**

　① Vampire bats live in Central and South America and parts of Asia.

　② You must stab a vampire's heart with a wooden stake to kill it.

　③ A person may become a vampire if his or her blood is mixed with the vampire's blood.

　④ Vampire bats usually feed on the blood of birds and animals.

　⑤ Vampires used to exist in Europe a long time ago but they were all killed.

Check Your
VOCABULARY!

at least

be fond of

forsaken

creature

arise

grave

feed

victim

turn

derive

stab

stake

superb

intelligence

capture

wonder

exist

obviously

sharp

suck

mammal

fatal

inhumanity

affliction

WORD REVIEW

A Translate into English.

1   노예 _____
2   그리다, 묘사하다 _____
3   자랑하다, 뽐내다 _____
4   ～에 집중하다 _____
5   침략하다 _____
6   외딴 동네 _____
7   거래 방법 _____
8   식민지, 집단, 부락 _____
9   주입시키다 _____
10 종교 _____
11 견딜 수 없는 _____
12 도덕적인 _____
13 규칙[정기]적으로 _____
14 보여 주다 _____
15 활기 있는, 원기 왕성한 _____
16 자기 훈련 _____
17 심리적인 _____
18 일어나다, 일어서다 _____
19 찌르다 _____
20 치명적인 _____
21 ～을 고수하다 _____
22 탐욕 _____
23 혜택 _____
24 폐 _____
25 존재하다 _____

B Translate into Korean.

1   lengthy _____
2   depict _____
3   hang _____
4   notice _____
5   approximately _____
6   impose _____
7   craft _____
8   fortress _____
9   materialism _____
10 framework _____
11 ethnic _____
12 ethics _____
13 commitment _____
14 attractive _____
15 strengthen _____
16 unless _____
17 derive _____
18 be fond of _____
19 at least _____
20 turn _____
21 cheat _____
22 intense _____
23 work out _____
24 feed _____
25 obviously _____

C Choose the correct answers to each question.

1 Lawrence's work often _____ important periods in African-American history.

① portrayed   ② strengthened

③ existed   ④ ruled

2 Someone's _____ are the moral principles about right and wrong behavior.

① ethnic   ② ethics

③ background   ④ framework

3 _____ can be considered a code of conduct toward improving yourself and reaching goals.

① Self-discipline   ② Benefit

③ Muscle   ④ Mental

D Translate into English or Korean.

1 A smart person is not the one who knows what to answer, but how to answer.

_____

2 Smiling brightly, the girl shook hands with all the celebrities there.

_____

3 나는 네게 딱 맞는 책을 찾는 데 도움을 줄 것이다.

I will _____ which is right for you.

4 어린 소녀가 땅에 떨어진 꽃을 주웠다.
(fall, flower, ground)

A little girl picked up _____

_____ .

E Choose the correct words to fill in the blanks.

1 The master cook taught me _____ to cook raw fish.

① what   ② which   ③ how   ④ that

2 Jane sat beside the window, _____ the sweater for her baby.

① knitted ② knit   ③ knitting ④ to knit

3 You can take an active role in helping your child _____ his or her goal in life.

① are finding   ② find

③ will find   ④ have found

4 Steve was trying to open the _____ door from the inside.

① to lock ② locked ③ lock   ④ locking

F Write the proper prepositions to fill in the blanks.

1 _____ a while 잠시 후에

2 _____ addition 게다가

3 _____ moderation 알맞게

4 _____ night 밤에

5 _____ least 적어도, 최소한

6 according _____ ~에 따르면

SENTENCE REVIEW

★ 관계대명사 소유격에서 선행사가 사람일 경우 〈whose + 명사〉가 되고 선행사가 사물(생물)일 때는 〈whose + 명사〉, 〈the + 명사 + of which〉 또는 〈of which + the + 명사〉 모두 가능하다.

Underline the words **of which the meanings** you don't know. 네가 모르는 의미의 단어에 밑줄을 쳐라.

A doctor cured the puppy **whose leg** was broken. 의사 선생님이 다리가 부러진 강아지를 치료했다.

★ try 뒤에 to부정사와 동명사가 오는 경우 의미가 달라지므로 유의한다.

He **tried to decipher** the message sent from the criminal. 그는 범죄자로부터 온 메시지를 판독하려고 애썼다.

He **tried using** the optical character reader to decipher the message.
그는 그 메시지를 판독하려고 시험 삼아 광학 문자 판독기를 사용했다.

★ if나 whether가 앞에 나온 동사의 목적어 역할을 하는 명사절을 이끌 때 ' ~인지 (아닌지)'의 의미로 쓰인다.
(if 조건절의 시제와 혼동 주의)

I wondered **whether** he *was* at home. 나는 그가 집에 있는지 궁금했다.

Ask her **if** she *will come* to the conference. 그녀가 회의에 올지 물어봐라.

---

1 다음 문장 중 틀린 부분을 찾아 바르게 고치시오.

The police caught the suspect which handwriting is actually on the ransom letter.

➡ _____

2 다음 문장 중 해석과 다른 부분을 찾아 바르게 고치시오.

Kelly tried fixing her car, but she couldn't do it.   ➡ _____

Kelly는 그녀의 차를 고치려고 애썼지만 고치지 못했다.

3 다음 문장 중 틀린 부분을 찾아 바르게 고치시오.

I wonder if someone already develops the machine I am making now.
    ① ②   ③   ④

➡ _____

Homeroom teacher : _____

공부습관의 최강자가 되라!

수업일		Contents (수업내용)	Homework (과제물)	Check (숙제검사)	
월 일				Done	Didn't do
월 일				Done	Didn't do
월 일				Done	Didn't do
나의 학습 아킬레스건	나의 취약 부분은?			Done	Didn't do
	해결 방법은?			Done	Didn't do
			Parent's Signature		

※ 학생들이 학원에서 공부한 내용입니다. 바쁘시더라도 관심을 갖고 확인해 주십시오.

외국인들과의 식사 경험! 있으신가요?

외국인과 식사를 해 본 사람이라면 누구나 한번쯤은 이런 경험이 있지 않을까요? 음식에 대한 맛을 맛있다고 표현할 때 주로 delicious 또는 tasty를 사용합니다. 하지만 이것은 단지 기본적인 '맛있다'는 표현일 뿐 음식의 맛이 어떤지 섬세하게 표현이 되지 않습니다. 그럼 그 이외에 또 어떤 표현들이 있는지 알아볼까요?

레스토랑에서 코스별로 음식이 나오는데, 입에 군침이 돌 만큼 아주 먹음직스러워 보이는군요. 그럴 땐 It looks(smells) appetizing.(맛있겠는 걸.)이나 It's tempting.(빨리 먹어보고 싶다.), My mouth is watering.(거 참 군침 도네.), I can't stand that smell.(이 냄새를 못 견디겠어.) 정도로 말문을 열어 보세요.

자, 다음엔 직접 맛을 봤을 때! 음식이 보기만큼이나 맛있을 때는 형용사 excellent, great, good을 사용해도 됩니다. 맛이 영 아니라면 not good, bad, tasteless, favorless 등을 사용합니다. 만약에 음식이 못 먹을 정도로 맛이 없는 경우엔 terrible, disgusting, awful, gross, yucky 등으로 표현을 하는데 이런 표현들은 음식을 만든 상대방에게 모욕을 줄 수도 있으니 될 수 있으면 피하는 게 좋습니다.

그럼 이번엔 구체적인 맛 표현을 배워볼까요? 달콤한 맛은 sweet, 이 단계를 넘어 서서 너무 단 경우에는 sugary라고 하구요, 음식이 짭짤할 때는 salty, 반대로 싱거운 때는 not salty나 bland라고 합니다. 양념 맛이 강하거나 매콤한 음식에는 hot, spicy, strong, fiery 등의 형용사를 쓰기도 합니다. 신맛에는 sour, 쓴맛에는 bitter, 기름진 느끼한 음식에는 fatty, greasy, 또는 oily 등을 사용하고 쫌 오래 됐다 싶은 음식은 stale이라고 표현합니다.

Chapter 04

 단원 어휘

- ☐ ambition n. 야망, 포부
- ☐ realistic a. 현실주의의, 현실적인
- ☐ achieve v. 이루다, 성취하다
- ☐ gradually adv. 점진적으로
- ☐ peculiar a. 기묘한, 특이한
- ☐ spread v. 퍼뜨리다, 뿌리다
- ☐ attack v. 공격하다, 착수하다 n. 기습
- ☐ generate v. 일으키다, 만들어내다
- ☐ interpersonal a. 대인관계의
- ☐ individual n. 개인 a. 개인의, 독특한
- ☐ poverty n. 빈곤, 가난
- ☐ consider v. ~라고 여기다, 고려하다
- ☐ essential a. 본질적인, 필수적인
- ☐ otherwise 그렇지 않으면
- ☐ inform v. 알리다, 정보를 주다
- ☐ pollution n. 오염, 공해, 더러움
- ☐ extreme a. 극도의, 과격한 n. 극단
- ☐ approach v. 접근하다 n. 접근
- ☐ practicable a. 실행 가능한
- ☐ drastic a. 격렬한, 철저한

Mini Quiz

1 have a(n) _____ to be president 대통령이 되려는 야심을 품다

2 _____ success and wealth 성공과 부를 달성하다

3 _____ improve 점차 향상되다

4 a heart _____ 심장마비

5 _____ new jobs 새로운 일자리를 창출하다(만들다)

6 _____ needs 개개인의 요구들

7 extreme _____ 극도의 빈곤

8 _____ another possibility 또 다른 가능성을 고려하다

9 noise _____ 소음공해

10 take a new _____ 새로운 접근법을 취하다

지칭 / 함축의미 추론

영어는 동일한 내용을 반복하길 극도로 꺼려한다. 그 이유는 다양한 표현을 함으로써 글이 단조롭고 지겨워지는 것을 막기 위함이고, 또한 한번 거론된 상세한 내용을 다른 집약된 표현으로 나타냄으로써 절제의 묘미를 나타내기 위해서이다. 지시어가 가리키는 대상을 찾는 유형은, 주어진 문단 속에서 어떤 사실이나 상황, 또는 사물을 암시하는 지시어구가 가리키는 내용이 무언인지 파악하는 문제로, 명시적으로 표현된 내용이나 함축적으로 암시되어 있는 내용을 추론하는 문제이다. 크게 두 가지의 형태가 출제되는데 본문 속에서 대명사 또는 지시어구의 대상을 구체적으로 찾아내는 경우와 글이 전체적인 맥락 속에 숨겨진 의미를 추론해야 하는 경우가 있다.

지칭추론 유형의 급소	❶ 밑줄 친 부분을 먼저 훑어본다. 전체의 큰 흐름에 따라 글을 읽으면서 글의 흐름에 맞게 밑줄 친 부분이 실제로 의미하는 바가 무엇인지를 찾는다. 글 전체의 흐름을 통해서 밑줄 친 부분이 상징 또는 비유하는 것이 무엇인지를 찾을 수 있어야 한다. 밑줄 친 내용은 단순한 사전적 의미가 아니라 글의 전체적 흐름과 상황에 맞는 비유적, 상징적 의미를 파악하는 능력을 길러야 한다. ❷ 그 다음 보기를 읽는다. (① 밑줄 친 부분의 내용을 먼저 읽고, ② 보기를 읽은 후 ③ 지문을 읽는다.) ❸ 글의 흐름상 밑줄이 무엇을 상징하고 비유하는지 찾는다. ❹ 문맥을 이용해서 밑줄 친 부분의 앞, 뒤 문장에서 의미를 추론할 수 있어야 한다.

다음 글에서 밑줄 친 This가 뜻하는 의미로 가장 적절한 것은? 기출문제

¹ I have been living in this foreign country for five years. ² Near my house is a tiny dry-cleaning shop run by two chatty old ladies. They are probably in their 60s, which isn't all that old, but their service is slow enough to say, "It takes forever." Sometimes they try my patience. Once I had to go back five times to pick up a couple of items. "My, your are in a hurry," they cheerfully said. "How slow of us! We are terrible!" ³ Despite the slow service, their shop is constantly packed with customers and their counter piled high with clothes. ⁴ <u>This</u> I do not understand at all.

① 세탁물 처리가 느려도 영업이 잘 되는 것
② 작업 중 끊임없이 잡담을 나누는 것
③ 세탁소 주인들이 불친절한 것
④ 세탁물을 찾으러 여러 번 가야 하는 것
⑤ 세탁소 내부를 깨끗이 정리하지 않은 것

[논리독해]

Key-word : a tiny dry-cleaning shop

1 경험담의 도입문
2 세탁소와 관련된 상세 경험담
3, 4 결론

수험생의 눈

▶ 밑줄 친 문장을 먼저 읽는다.
▶ 그리고 보기를 읽은 후 지문을 읽는다.
▶ 문맥상 This가 가리키는 것이 앞 문장 전체를 받아 단수인 This로 쓰였으므로 This 바로 앞 문장인 3에 집중에서 글을 읽는다.

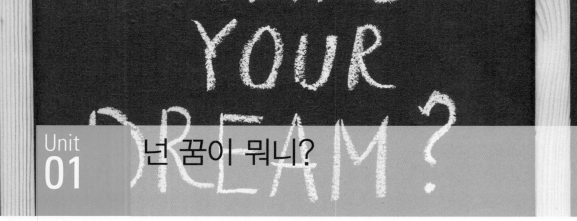

넌 꿈이 뭐니?

Moral

Everybody has different goals in life; not everybody wants to be as rich as Bill Gates, or become the President of his or her country, or win a Nobel Prize. In most cases, it is absurd to begin with such grand ambitions, because they usually degenerate into lazy daydreams. The best way to succeed in your life is to set a realistic goal and achieve it, rather than to aim at something far beyond your <u>reach</u>. If you never succeed in anything, you may feel desperate and hopeless. However, the benefit of a realistic goal is giving you the feeling of success. After succeeding in doing something small, you may be able to gradually increase the level of your goals, like a runner in training who begins with short distances and works up to Olympic levels.

1　**What is the meaning of the underlined word 'reach' in the paragraph?**
① the act of stretching out
② the power of obtaining
③ the distance covered in stretching
④ a continuous stretch of water
⑤ to communicate by modern technology

2　**Choose the main idea of this paragraph.**
① to establish realistic plans with prospects of victory
② to avoid hopeless business ventures
③ to have a bright future
④ to endeavor ceaselessly
⑤ to prepare a career

Check Your
VOCABULARY!

Nobel Prize	absurd	grand	ambition
degenerate	daydream	realistic	achieve
aim at	desperate	gradually	work up

주어가 길어 문장 뒤로 가는 경우

> 🔽 **주어 자리에서 이동**
> It is a human trait to try *to define and classify the things we find in the world.*
> 우리가 세상에서 발견하는 사물들을 정의하고 분류하려고 노력하는 것은 인간의 특성이다.
>
> 🔽 **주어 자리에서 이동**
> It is natural that *people will always want to have holidays.*
> 사람들이 늘 휴일을 갖고 싶어하는 것은 당연하다.

주어가 명사 또는 대명사인 경우에는 주어가 길어질 이유가 없다. 하지만 주어 자리에 부정사, 동명사, 명사절 등이 올 경우 주어가 길어져 복잡해지므로 주어 자리에 It을 쓰고 주어 자리에 있는 모든 말을 뒤로 보낼 수 있다. 이를 문법적으로 '가주어, 진주어'라 한다.

노력하다 + ~는 것 ➡ 노력하는 것
주어 자리에 to부정사가 올 경우 필연적으로 주어가 길어진다. 따라서 It을 쓰고 뒤로 보내도 우리말 '~는 것(은)'의 뜻을 갖는다.

사람들이 원하다 + ~(라)는 것/라고
➡ 사람들이 원한다는 것
주어 자리에 명사절 that이 있을 때도 뒤로 보낸다. that은 원래 문장 맨 앞 즉, 주어 자리에서 우리말 '~(라) 것은'의 뜻을 나타내므로 It을 쓰고 뒤로 보내도 해석은 똑같다.

| Practice

1 It is good manners 좋은 매너 among the English people not to show one's grief 슬픔 in public.

해석 ◐ _____

2 너의 코로 with your nose 하모니카를 the harmonica 연주하는 것은 to play 쉽지 않다 It is not easy.

영작 ◐ _____

| Super Speaking

1단계 : 처음 우리말과 영문을 보면서 영어로 말해본다.
2단계 : 영문을 손으로 가리고 우리말만 보면서 완전한 영어로 말할 수 있도록 3~4회 반복한다.

 전체 빌딩을 냉각시키는 것은 많은 에너지가 필요하다.

It takes a lot of energy to cool down the entire building. 우리말을 영어로 옮기기

 자신의 팔꿈치를 핥는 것은 불가능하다.
It is impossible to lick your elbow.

 흡연이 암을 유발한다는 것은 사실이다.
It is a fact that smoking can cause cancer.

 네가 그것에 대해 모른다는 것은 거의 불가능하다.
It is hardly possible that you do not know about it.

본능적 행동

Ecosystem

Orchids, which grow very unique and beautiful flowers, have very peculiar ways of spreading their pollen. Some orchids present themselves as an enemy of certain insects. When a bee sees the "enemy," the bee attacks it with its instinctive behavior, causing the pollen of the orchid to fall on the bee's head. Then the bee flies to another orchid. It attacks its flowers.

In the process, the pollen on the head of the bee falls onto those flowers. Some kinds of orchids use flies to carry their pollen. Flies are attracted to dead animals for food. Therefore, some orchids generate a smell like rotting meat. Flies land on these orchids, in the mistaken belief that there is food available. Even though the flies can't feed themselves, they do drop and pick up pollen. In short, orchids _____ in order to spread their pollen.

1 Choose the phrase to fill in the blank.

① play tricks   ② attack insects   ③ kill bugs

④ bear fruits   ⑤ grow bigger

2 이 글의 제목으로 가장 적절한 것은?

① Combat of the Flowers Against Insects

② Movements of Bees and Flies

③ Aggressiveness of the Bees

④ Food Chain of Nature

⑤ Various Methods of Flowers' Reproduction

Check Your
VOCABULARY!

orchid	peculiar	spread	pollen
present	enemy	attack	instinctive behavior
generate	rotting	land on	available

활용도가 높은 부정사의 목적

He **went** to the library (in order) to **borrow** some books.
그는 몇 권의 책을 빌리기 위하여 도서관에 갔다.
= He went to the library because he wanted to borrow some books.

Sam and John **went** to New York (so as) to **attend** university.
Sam과 John은 대학에 가기 위해 뉴욕으로 갔다.

to부정사의 부사적 용법 가운데 '~하기 위하여'라는 목적을 나타낼 때가 있다. 이를 강조하거나 형식을 차린 in order to와 so as to가 있는데 in order와 so as를 생략하고 to부정사만 쓰는 것이 보통이다. 우리말로 먼저 이해하면 to부정사도 '~위하여'의 뜻이 되는 이유를 쉽게 알 수 있을 것이다.

빌리다 + ~ **위하여** ➡ 빌리기 **위하여**
borrow + **(in order) to**
➡ **(in order) to** borrow

우리말도 '위하여'란 말을 하려면 주어가 물리적인 이동이나 움직임이 있어야 한다. '~하기 위하여 갔다/오다/앉다'처럼 말하고 영어는 동작이나 행위를 나타내는 동사를 먼저 쓰고 그 동작의 목적을 나타내는 '~위하여'란 말에 해당하는 to부정사를 뒤에 쓴다. in order와 so as는 거의 생략하고 to부정사만 쓴다.

Practice

1 The gorilla **broke** his chains 사슬 **to make a dash** 탈출하기 위해 for freedom.

해석 ● _____

2 많은 사람들은 피라미드를 the pyramids 보기 위하여 to see 이집트로 간다 go to Egypt.

영작 ● _____

Super Speaking
1단계 : 처음 우리말과 영문을 보면서 영어로 말해본다.
2단계 : 영문을 손으로 가리고 우리말만 보면서 완전한 영어로 말할 수 있도록 3~4회 반복한다.

 그 변호사는 임박한 재판을 준비하기 위해 매일 밤 그 소송사건을 검토했다.

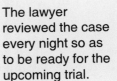 The lawyer reviewed the case every night so as to be ready for the upcoming trial.

 우리말을 영어로 옮기기

 우리는 겨울에 체온을 유지하기 위하여 코트를 입는다.
We wear coats in the winter to keep warm.

 퇴근 후 집에 도착한 Peter는 뉴스를 보기 위하여 TV를 켰다.
After Peter got home from work, he turned on the TV to watch the news.

 많은 사람들이 월드컵 축구 경기를 보기 위하여 왔다.
Many people came to see the World Cup soccer games.

Health

People often experience frustration and misunderstanding in their relationships. The quality of relationships with others (A) affects / effects one's mental health. Close personal relationships with friends and relatives positively affect one's psychosocial development and provide opportunities for communication, sharing, and emotional growth. In addition, such relationships can provide emotional strength and resilience for (B) deal / dealing with stressful situations or interpersonal problems. Along with the social relationships, an individual's environment itself affects his or her mental health. Social problems, such as poverty, racism, and overcrowding, negatively influence one's mental health. Therefore, social and economic changes should be made to (C) increase / reduce the risk of some types of mental illness.

1 **Choose a topic for this paragraph.**
① Kinds of Social Relationships　② Social and Economic Reform
③ Mental Health and Physical Health　④ Too Many Problems in Our Society
⑤ Social Factors Affecting Mental Health

2 (A), (B), (C) 각 네모 안에서 올바른 표현으로 짝지어진 것은?

	(A)	(B)	(C)
①	effects	dealing	reduce
②	affects	deal	increase
③	affects	dealing	reduce
④	effects	deal	increase
⑤	effects	dealing	increase

Check Your
VOCABULARY!

frustration	misunderstanding	mental health	relative
positively	psychosocial	emotional	resilience
deal with	interpersonal	along with	individual
poverty	racism	overcrowding	risk

구문으로 익히는 **Writing & Speaking**

2형식 수동태 (S + be + V-ed + C)

수동태 뒷자리 ⬇

In the world of Harry Potter, magicians were not allowed to use magic outside of school.
해리포터의 세계에서, 마법사들은 학교 밖에서 마법을 사용하는 것이 허용되지 않았다.

수동태 뒷자리 ⬇

Left-handed people are not considered normal in this country.
왼손잡이들은 이 나라에서 정상적으로 여겨지지 않는다.

'be + V-ed' 바로 뒷자리인 보어 자리에 보어로 올 수 있는 말인 명사나 형용사 및 부정사 등이 오는 형태이다. 5형식 문장을 수동태로 만들 때 2형식 수동태 문장이 만들어진다.

수동태 뒤에는 보통 'by + 행위자'가 와서 'by + 행위자'를 우리말 '~에 의해'의 뜻을 갖는다.

'be + V-ed'의 수동태 뒷자리에 명사나 형용사가 떡하니 있는 경우 수동태의 의미인 '~되다/지다/당하다/받다'로 해석하고 바로 뒤에 있는 명사나 형용사를 우리말 '~(으)로, ~라고, ~체로'의 뜻으로 해석한다. to부정사가 위치하는 경우 '~것(이), ~라고, ~다고'의 뜻을 갖는다.

Practice

1 I was advised by the doctor to eat more vegetables and stop drinking.

해석 ⊙ _____

2 그 흉가에서 in the deserted house 귀신의 무리가 a group of ghosts 나타난다고 to appear 말해졌다 were said.

영작 ⊙ _____

Super Speaking 1단계 : 처음 우리말과 영문을 보면서 영어로 말해본다.
2단계 : 영문을 손으로 가리고 우리말만 보면서 완전한 영어로 말할 수 있도록 3~4회 반복한다.

 성공은 다른 사람들과의 조화에 달려 있다고 믿어진다.

 Success is believed to depend on harmony with other people.

우리말을 영어로 옮기기

 이 아파트 건물은 너무 헐었기 때문에 지옥이라고 불린다.
This apartment building is called hell because it is so dilapidated.

 서윤이는 학교에서 가장 예쁜 소녀라고 생각된다.
Seo-yoon is thought to be the prettiest girl in school.

 그녀는 그렇게 보이지 않지만 선생님으로 여겨진다.
She is believed to be a teacher even though she doesn't look like one.

소중한 개인 정보

Computer
Crime

Computers are now considered as essential tools for all people regardless of what they do for a living, because everything is computerized these days. Some people even say that the quality of one's life totally depends on his or her ability to use computers and to handle electronic information. For instance, people who are acquainted with an internet banking system do not need to walk into a bank and wait in line. However, when you use an internet banking system, you should make sure to sign off when you finish and change your PIN code often. Otherwise, all your money can be stolen. In addition, there are hackers who steal and sell people's personal information. In other words, people should know how to use a computer, but they also have to be informed about the possible disasters it can bring.

1   **Choose the best title for this paragraph.**
   ① The Importance of Computer Education
   ② The Disadvantages of Computer Education
   ③ The Uselessness of Computer Education
   ④ The Hidden Dangers of Using Computers
   ⑤ The Future of Computers

2   **In the paragraph, what example is given as a warning when you use an internet banking system?** (본문을 참고하여 두 문장으로 쓰시오.)

   _____

   _____

Check Your VOCABULARY!

consider	essential	tool	regardless of
computerize	depend on	handle	electronic
be acquainted with	wait in line	make sure	PIN
otherwise	personal information	inform	disaster

명사 바로 뒷자리에 줄을 서는 to부정사

⬇ **명사 뒷자리**
The only way to master English is constant practice.
영어를 정복할 유일한 방법은 끊임없이 연습하는 것이다.

⬇ **명사 뒷자리**
The old couple are looking for an apartment to live in.
그 노부부는 거주할 아파트를 찾고 있다.

to부정사가 명사 뒤에 위치하여 그 명사를 꾸며주는 역할을 할 때 형용사적 용법이라고 부른다. 우리말은 명사를 꾸밀 때 명사 앞에서 꾸미지만 영어는 명사 바로 뒷자리에서 앞에 있는 명사를 꾸미기도 한다. 'to부정사 + 전치사'가 되는 경우 앞에 있는 명사가 전치사의 목적어가 되므로 전치사의 쓰임을 주의해야 한다.

정복하다 + ~(해야) 할 ➡ 정복할

master + to ➡ to master

우리말은 단어 자체를 바꾸면 되지만 영어는 동사 앞에 to를 붙이고 나서 문장 안에 특정한 자리에 들어가야 정해진 뜻을 나타낼 수 있다. 우리말 '~(해야) 할, ㄹ(리을), ~은'의 말을 나타내려면 to부정사가 명사 바로 뒷자리에 떡하니 자리해야 한다.

Practice

1 Homeless people have no place to stay all year long, but suffer the most during winter.

해석 ◑ _____

2 요즘 nowadays 사람들은 그들이 많은 일을 할 수 있도록 do many things 도와주는 to help 컴퓨터를 가지고 있다.

영작 ◑ _____

Super Speaking
1단계 : 처음 우리말과 영문을 보면서 영어로 말해본다.
2단계 : 영문을 손으로 가리고 우리말만 보면서 완전한 영어로 말할 수 있도록 3~4회 반복한다.

 운동은 체중을 줄일 가장 좋은 방법이다.

Exercise is the best way to lose weight.

우리말을 영어로 옮기기

 한국에서, 영어는 배우기에 쉬운 언어가 아니며, 그 영어 문법은 엄청나게 어렵다.

In Korea, English is not an easy language to learn and its grammar is monstrously difficult.

 닐 암스트롱은 달 위를 걸은 최초의 사람이었다.

Neil Armstrong was the first person to walk on the moon.

 나는 그녀와 얘기할 기회가 없었다.

I never had the chance to talk with her.

Unit 05 교통체증

Discussion

Teacher: What do you think is the best way to solve traffic jams in big cities?

Tom: We should get rid of all the cars in the world. And all of us should use bicycles rather than automobiles. Then, we won't have to worry about air pollution, either. I'm convinced that's the best way.

Teacher: I see your point. But, well, I'm afraid that may be too extreme an approach. Don't you think so?

Tom: Well... I think it's possible. As a matter of fact, I bike to school everyday. That's why I think I stay in shape.

Teacher: Good for you. I'm not against using bicycles. Actually, I'm all for it. I still find your idea out of the question, though. What I'm saying is we can't expect everyone to bike to work or school.

Mary: The way I see it, the major cause is that too many people live in big cities. Unless we take action now, traffic congestion will get worse and worse. I know it's easier said than done. But, at least, we have to work out a practicable solution.

Teacher: Your point is well taken. I also think there are simply too many people in big cities. I firmly believe drastic measures should be taken before it's too late. There'll be no simple answer. 기출

[1~2] 대화문의 토론을 아래처럼 요약할 수 있다. 각각 알맞은 것을 고르시오.

> The teacher asks the students how to solve traffic jams.
> ➡ She disagrees with Tom's idea that _____(A)_____ .
> ➡ She agrees with Mary's idea that _____(B)_____ .

1   빈칸 (A)에 들어가기에 가장 적절한 것은?

① health is above economy

② riding a bike keeps us healthy

③ pollution results in traffic jams

④ we should remove all automobiles

⑤ we don't have to worry about air pollution

2   빈칸 (B)에 들어가기에 가장 적절한 것은?

① we can get a lot of exercise

② it's easy to take action now

③ people want to live in big cities

④ there is an easy solution to traffic jams

⑤ overpopulation causes traffic congestion

3   **Why was Tom's answer NOT appropriate?**

① His solution was too extreme.

② His attitude was too negative.

③ He only suggested that people should exercise more.

④ He focused on only air pollution.

⑤ All of the above

WORD REVIEW

A Translate into English.

1 야망, 포부 _____
2 성취하다, 달성하다 _____
3 어리석은 _____
4 점진적으로, 서서히 _____
5 난초 _____
6 기묘한, 특이한 _____
7 공격하다 _____
8 생성하다, 만들어내다 _____
9 좌절 _____
10 인종차별 _____
11 위험(성) _____
12 혼잡, 초만원 _____
13 필수적인 _____
14 다루다, 처리하다 _____
15 알리다 _____
16 그렇지 않으면 _____
17 오염 _____
18 접근 _____
19 교통체증 _____
20 조치 _____
21 현실적인 _____
22 빈곤 _____
23 ~하지 않는 한 _____
24 굳게, 단호하게 _____
25 실행 가능한 _____

B Translate into Korean.

1 grand _____
2 desperate _____
3 aim at _____
4 work up _____
5 present _____
6 spread _____
7 land on _____
8 pollen _____
9 mental health _____
10 relative _____
11 resilience _____
12 misunderstanding _____
13 personal information _____
14 make sure _____
15 computerize _____
16 regardless of _____
17 get rid of _____
18 extreme _____
19 convince _____
20 remove _____
21 instinctive _____
22 interpersonal _____
23 as a matter of fact _____
24 stay in shape _____
25 take action _____

C Choose the correct answers to each question.

1 If you never succeed in anything, you may feel _____ and hopeless.
- ① realistic
- ② ambitious
- ③ grand
- ④ desperate

2 Flowers use bees to carry their _____.
- ① orchids
- ② flies
- ③ smell
- ④ pollen

3 Computers are now considered as essential tools for all people because everything is _____ these days.
- ① handled
- ② acquainted
- ③ informed
- ④ computerized

D Translate into English or Korean.

1 It is necessary to get an injection against influenza before winter.

*injection 예방주사 | influenza 독감

_____

2 In order not to oversleep, I set the alarm for seven o'clock.

_____

3 한 무리의 사람들이 그 비밀의 방에 들어가는 것이 목격되었다. (see, enter)

A group of people _____ the secret room.

4 하룻밤 머물 그 산장은 여기서 멀다.
(overnight, cottage, stay)

_____ is far from here.

E Choose the correct words to fill in the blanks.

1 _____ is important that you backup your database in your computer.
- ① It
- ② That
- ③ You
- ④ Which

2 David fell down this morning when he ran down the street _____ the bus.
- ① caught
- ② catch
- ③ will catch
- ④ to catch

3 Shakespeare is considered _____ the greatest writer in English literature.
- ① was
- ② to be
- ③ been
- ④ will be

4 Follow these rules _____ yourself when you make on-line transactions.
- ① will protect
- ② protect
- ③ to protect
- ④ protected

F Choose the proper expressions to fill in the blanks.

stay in shape	work out
out of the question	traffic congestion

1 It is _____ that chickens can fly.

2 I will be a little late because of _____.

3 I walk 30 minutes a day, which helps me _____.

4 We will just _____ this problem and make lots of money.

★ 조동사 do, does, did가 뜬금없이 동사 앞에 나올 경우 동사를 강조한 표현이다. 뒤에 나오는 동사는 인칭, 시제에 관계없이 원형을 쓴다.

Microsoft **did do** some cool stuff. Microsoft사가 정말로 멋진 상품을 만들었다.

The black suit **does look** good with the red tie which I bought for my father.
검은색 양복이 내가 아빠에게 사드린 빨강 넥타이와 정말 잘 어울린다.

★ 〈비교급 + 비교급〉 '점점 더 ~한'의 표현을 알아보자. 이때 비교급 앞에 관사는 붙지 않는다.

Even if you don't see the symptoms, your computer may be infected, because **more and more** viruses are emerging.
아무런 증상이 보이지 않을지라도 점점 더 많은 바이러스가 생겨나기 때문에 네 컴퓨터는 감염됐을 수 있다.

Ronaldo is playing **better and better**, says Manchester United teammate Vidic.
맨체스터 유나이티드 팀 동료인 Vidic이 Ronaldo는 점점 더 실력이 좋아진다고 말했다.

★ 대명사는 항상 대신하는 명사와 수, 성, 격이 일치해야 한다.

People who have **their** own blogs have a new outlet for self-expression.
그들 자신만의 블로그를 가지고 있는 사람들이 새로운 자기표현 수단을 갖게 된다.

Everybody has **his or her** own opinion regarding who should be the leader.
모두가 누가 지도자가 되어야 하느냐에 관한 자신만의 의견을 갖고 있다.

---

1 다음 문장에서 틀린 부분을 찾아 바르게 고치시오.

Some people believe religion do have a role in politics.　　➡ _____
　　　①　　　　　②　　　　③　　　　　　　④

2 다음 문장에서 틀린 부분을 찾아 바르게 고치시오.

My computer must have a computer virus because it's getting the slower and slower.
　　　　　　①　　②　　　　　　　　　　　③　　　　④

➡ _____

3 다음 문장에서 틀린 부분을 찾아 바르게 고치시오.

An angry parent should not discipline a child before regaining control of their emotions.
①　　　　　　　　　②　　　　　③　　　　　　　　　　　　　　　④

➡ _____

Homeroom teacher : _____

공부습관의 최강자가 되라!

수업일		Contents (수업내용)	Homework (과제물)	Check (숙제검사)	
월	일			Done	Didn't do
월	일			Done	Didn't do
월	일			Done	Didn't do
나의 학습 아킬레스건	나의 취약 부분은?			Done	Didn't do
	해결 방법은?			Done	Didn't do
			Parent's Signature		

※ 학생들이 학원에서 공부한 내용입니다. 바쁘시더라도 관심을 갖고 확인해 주십시오.

청바지, 질긴 이유가 있었어!

1847년 독일 바바리아 출신의 리바이 스트라우스가 황금의 땅, 엘도라도에 도착했습니다. 당시 엘도라도에는 금을 캐러온 광부들이 많았는데 이들은 쉽게 닳고 해지는 바지를 불만스러워 했습니다. 리바이는 험한 탄광일에도 잘 견딜 수 있도록 마차 덮개나 텐트로 쓰던 질기고 투박한 갈색 천막을 이용해 처음에 '리바이의 바지(리바이스 팬츠, Levi's Pant's)'를 만들어 팔았습니다.

리바이스(Levi's)라는 상표도 여기에서 유래했습니다. 그러다가 나중에는 옷감을 푸른색(Denim)으로 변경하고 소비자들의 불편함과 필요를 연구했습니다. 그러면서 서서히 리바이스는 선풍적인 인기를 일으키면서 'Levi의 바지'라는 의미의 Levi's가 널리 알려지게 되었습니다. 소비자의 욕구를 탁월하게 찾아낸 리바이스는 이후에도 실용적인 진을 위해 품질과 디자인 연구를 계속했습니다.

1886년 말 2마리가 그려져 있는 가죽 패치를 고안해 2마리의 말이 양쪽에서 당겨도 찢어지지 않는다는 의미를 담아 판매했습니다. 1873년에는 잘 터지는 바지 주머니 솔기를 보완하기 위해 금속 고정나사인 구리리벳(Rivet)을 개발해 특허를 받았습니다. 1873년에는 독수리 날개를 의미하는 아치 모양의 뒷주머니 박음질은 미국에서 가장 오래된 의류상표로 등록되었습니다. 오늘날에도 구리리벳은 리바이스 진품임을 표시하는 상징이죠. 1922년에는 허리띠 고리를 고안해냈고 1936년에는 오른쪽 주머니에 Red tab을 부착시켜 소비자들의 시선을 끌기도 했죠. 1954년에는 처음으로 지퍼 달린 바지를 내놓았습니다.

이후로 Levi's는 '젊음의 상징'으로 각인되었고 오늘날까지 미국뿐만이 아니라 전 세계의 사람들로부터 꾸준한 사랑을 받고 있습니다.

MEMO

Bonus Chapter

Bonus Chapter

 단원 어휘

- ☐ attitude n. 태도, 사고방식, 자세
- ☐ optimism n. 낙관주의
- ☐ acquire v. 획득하다, 습득하다
- ☐ particular a. 특별한
- ☐ discard v. 버리다, 처분하다 n. 폐기
- ☐ descendant n. 자손, 후예, 제자
- ☐ ignore v. 무시하다, 묵살하다
- ☐ consequence n. 결과, 결말, 중요성
- ☐ inaccurately adv. 부정확하게
- ☐ impressive a. 인상적인
- ☐ theorize v. 학설을 세우다, 이론화하다
- ☐ precision n. 정확, 정밀
- ☐ refrigerator n. 냉장고, 냉동장치
- ☐ historian n. 역사가, 사학자
- ☐ ingredient n. 성분, 원료, 재료
- ☐ recipe n. 조리법, 요리법, 비결
- ☐ primitive a. 원시의
- ☐ spirit n. 정신, 영혼, 시대정신
- ☐ favor n. 호의, 친절 v. 좋아하다
- ☐ criminal n. 범인, 범죄자 a. 범죄의

Mini Quiz

1 in a positive _____ 긍정적인 태도로

2 _____ about the future 미래에 대한 낙관론

3 in _____ 특히, 상세히

4 be _____ 버림받다, 폐기되다

5 _____ a red light 빨간 신호등을 무시하다

6 in _____ of ~의 결과로, ~때문에

7 an _____ performance 인상 깊은 공연

8 the _____ of a cookie 쿠키 만드는 재료

9 a(n) _____ book 요리책

10 a habitual _____ 상습범

문단 요약

문단 요약은 주어진 문단을 이해하는 능력과 그 문단을 한 문장으로 요약할 줄 아는 능력을 동시에 측정한다. 출제 유형은 지문의 내용을 한 문장으로 요약해 놓은 다음, 빈칸을 설정하여 그 빈칸에 알맞은 말을 채우게 하는 문제 유형이다. 요약은 전체 단락을 짧게 줄이는 핵심 문장이므로 빈칸 (A)와 (B)에는 그 단락의 주제 또는 그 주제에 대한 작가의 견해가 있어야 한다. 따라서 글을 읽으면서 핵심어를 중심으로 글의 주제나 요지를 파악하면 문장의 요약 내용을 정확하고 쉽게 이해할 수 있다. 주제문이나 중심 문장에 들어있는 어구, 표현들은 정답 해결에 결정적인 단서를 제공한다. 요약해 놓은 글이 지문 속에 나오는 단어나 어구를 그대로 사용하는 경우도 있지만, 대개의 경우 비슷한 어구나 동의어로 표현할 수 있으니, 이에 주의해야 한다.

문단요약 유형의 급소

❶ 빈칸이 설정된 요약문을 먼저 읽는다. 요약문이 글의 핵심 문장이므로 글의 전체 내용을 파악할 수 있다. 그리고 보기들을 하나씩 먼저 대입해 보고, 논리적으로 가능성 있는 보기를 눈여겨 봐 둔다.

❷ 주제문을 찾아라. 글을 예상하며 읽으면서 (A)와 (B)에 들어갈 핵심어를 본문의 주제에서 벗어나지 않게 찾는다.

❸ 보기들을 한 번 더 확인한다. 지문을 읽다가 내가 본 답과 일치하는 것을 하나씩 연결해 나간다. 단락의 주제 또는 요지를 근거로 자신이 선택한 보기를 설정된 빈칸에 대입해서 가장 자연스러운지를 확인한다.

다음 글을 한 문장으로 요약할 때 빈칸 (A)와 (B)에 가장 적절한 것끼리 짝지은 것은? 기출문제

¹ People are often considered to be rude unintentionally. ² Absorbed in their own thoughts, people do not see the motions of someone trying to greet them. ³ They may walk right by a friend without noticing him or her. ⁴ Others indeed do not see - they are without their contact lenses or are quite nearsighted. ⁵ It is important to take into consideration absent-mindedness or poor eyesight before believing that a friend is actually disregarding you. ⁶ One friendship I know of was tense for months because a woman thought she was being ignored by a friend who simply was not wearing her glasses and couldn't see beyond her nose.

*nearsighted 근시안의

We should carefully think about the _____(A)_____ someone's behavior to avoid coming to a _____(B)_____ conclusion about it.

(A)	(B)		(A)	(B)
① frequency of	- negative		② frequency of	- hasty
③ reason for	- positive		④ reason for	- hasty
⑤ importance of	- positive			

[논리독해]

Key-word : someone's behavior

1 작가의 화제 제시 (사람들은 종종 본의 아니게 무례하다고 여겨진다.)

2~4 왜 오해를 받는지에 대한 구체적인 예시

5 오해를 하기 전에 반드시 고려해야 할 점을 알려줌 – 주제문이 된다.

6 주제문을 뒷받침하기 위해 작가의 실제 있었던 경험담을 예시로 들어줌.

수험생의 눈

▶ 요약문을 읽고 글의 내용을 예상하며 읽는다.

▶ 주제문을 통해 요약문의 빈칸의 내용을 추론해 본다.

▶ 이 단락의 It is important ~가 주제문을 이끌고 있으므로 이 주제문에서 벗어나지 않는 핵심어를 답에서 골라 논리적으로 내용이 이해되는지를 확인한다.

Unit 01 삶의 태도

Moral

Your attitude determines how you think and whether you lean toward optimism or pessimism. Your attitudes toward different situations are not (A) which / what you are born with but what you have acquired through your experience. For instance, if you have had (B) few / many bad experiences in a particular situation, it is likely that you have developed a negative attitude toward it. For example, if a person has had bad luck fishing on Lake Erie every time he goes there, he may have a negative attitude toward fishing there. On the contrary, if a person had a good time whenever she visited her friend in New York, she must undoubtedly have a favorable attitude (C) either / both toward the city and toward her friend.

1 Choose the best title for this paragraph.
① Importance of Making Friends ② Developing a Positive Attitude
③ Attitudes and Human Behaviors ④ Importance of Experiences
⑤ Influence of Experiences on Attitudes

2 (A), (B), (C) 각 네모 안에서 어법에 맞는 표현을 골라 짝지은 것은?

	(A)	(B)	(C)
①	which	many	either
②	which	few	both
③	what	few	either
④	what	many	either
⑤	what	many	both

복합관계사 wh-ever

🔻 **문장 맨 앞자리**

Whatever has a beginning has an end.
시작을 가지는 것은 모두 끝이 있기 마련이다.

🔻 **동사 뒷자리**

She apologizes whenever she meets me.
그녀는 나를 만날 때마다 사과를 한다.

가지다 + **~것 모두** ➡ 가지는 **것 모두**

have + **whatever** ➡ **whatever** has

wh~로 시작하는 의문사에 ever이 붙으면 우리말 '~것 모두, ~하는 것은 무엇(누구)이든'으로 해석한다. 주로 문장 맨 앞자리인 주어자리와 동사 뒷자리에 위치하여 명사절을 이끈다.

복합관계사란 관계대명사 또는 관계부사에 '–ever'을 붙인 형태로 동사 '앞 또는 뒤'에 위치하여 명사절을 이끌 때 '~것 모두'으로 해석한다. 의문사의 의미를 살려 whoever는 '~하는 사람은 누구나', whichever는 '~하는 것은 어느 것이나', whatever는 '~하는 것은 무엇이나'로 해석해도 된다. whenever(~하는 때는 언제나)와 wherever(~하는 곳은 어디에나)는 부사절로만 쓰인다. 위의 5가지 모두 양보의 부사절로 사용될 때는 '~간에, ~한다 할지라도'를 붙여 해석한다.

Practice

1 This government is willing to provide 기꺼이 제공하다 whatever is needed in order to achieve 달성하다 excellence in the economy 경제의 우수성.

해석 ○ _____

2 나는 우리나라에 for our country 필요한 것은 무엇이든지 whatever is necessary 할 것이다 will do.

영작 ○ _____

Super Speaking

1단계 : 처음 우리말과 영문을 보면서 영어로 말해본다.
2단계 : 영문을 손으로 가리고 우리말만 보면서 완전한 영어로 말할 수 있도록 3~4회 반복한다.

그들은 만날 때는 언제나 싸운다.

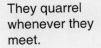
They quarrel whenever they meet.

우리말을 영어로 옮기기

마더 테레사는 그녀가 가는 곳은 모두 환영을 받았다.

Mother Teresa was welcomed wherever she went.

사장은 자신이 마음에 들어 하는 사람 모두를 고용할 것이다.

The boss will hire whoever he likes.

네가 어디를 가든지 간에 인내 없이는 성공할 수 없다.

Wherever you may go, you can't succeed without perseverance.

Unit 02 환경오염

Environment

Now, I want to talk about the long-term effects of environmental pollution. We already know that what we discard now contaminates our environment and consequently harms ourselves. We also should understand that it will eventually affect our descendants as well. However, we tend to ignore that simple fact. It's just because we don't see the consequences of pollution right after we pollute our environment. But, the fact is that what we have done to our environment will slowly kill our descendants. However, it is not too late to take serious steps now. Today's first step will help our children avoid suffering from environmental pollution. I firmly believe that the Earth is not only ours but also theirs. So, I want you to bear in mind that _____. Otherwise, we won't be able to save our children from serious pollution.

1 **Choose the best answer to fill in the blank.**

   ① we can ignore the simple truth

   ② we took serious steps to stop pollution

   ③ our children will keep our environment clean

   ④ we should keep the earth clean for our descendants

   ⑤ there are many ways to see the long-term effects of pollution

2 **이 글의 내용과 일치하지 <u>않는</u> 것은?**

   ① Pollution will surely affect our descendants.

   ② Most people do not ignore this serious situation.

   ③ We cannot notice pollution right after we pollute.

   ④ We still have time to improve our environment.

   ⑤ People already know about the effects of pollution.

Check Your VOCABULARY!

long-term	discard	contaminate	consequently
eventually	descendant	tend to	ignore
consequence	suffer from	firmly	bear in mind

구문으로 익히는 Writing & Speaking

선행사를 포함하는 관계대명사 what

진짜동사(본동사)

What is important **is** to bring the painting back to an artist's original intent.

중요한 것은 그림을 예술가의 원래 의도로 되돌리는 것이다.

진짜동사(본동사)

What is the most believable **is** what we see with our own eyes.

가장 믿을 만한 것은 우리가 우리 눈으로 보는 것이다.

관계대명사 what은 선행사를 포함하고 있으므로 다른 관계대명사와 달리 선행사를 수식하지 않는다. 문장 안에서 주어, 목적어, 보어의 역할을 하며 자리에 관계없이 '~것(은/을/이다)'로 해석한다. 의문사로 혼동이 되기도 하는데 의문사는 해석해서 우리말 '무엇~지'를 붙여 해석해 보면 의문사가 명사절에 해당되어 '의문사 + 주어 + 동사'의 어순을 따르는 점에 주의한다.

중요한 하다 + ~것 ➡ 중요한 것

(S) is important + **what**
➡ **what** (S) is important

우리말은 단어 자체에 '~하는 것'이란 말을 붙여서 표현한다. 영어는 what이 이끄는 절이 주어 자리 또는 동사 뒷자리에 들어가 what이 데리고 있는 동사가 '~것'의 뜻을 나타낸다. 문장 맨 앞자리에 오는 what은 두 번째 동사 앞자리까지 끊어서 '~것은'으로 해석한다.

Practice

1 Her speech wasn't articulate 발음이 정확하지 않았다, so I couldn't understand what she said.

해석 ● _____

2 나는 그들이 내게 했던 것을 they did to me 기억하고 싶지 않다 don't want to remember.

영작 ● _____

Super Speaking

1단계 : 처음 우리말과 영문을 보면서 영어로 말해본다.
2단계 : 영문을 손으로 가리고 우리말만 보면서 완전한 영어로 말할 수 있도록 3~4회 반복한다.

 네가 오늘 할 수 있는 것을 내일까지 미루지 마라.

Don't put off till tomorrow what you can do today.

 우리말을 영어로 옮기기

 당신이 한 것은 너무나 끔찍한 짓이었다. 난 당신을 용서할 수 없다.

What you did was just too horrible. I can't forgive you.

 내가 경험한 것을 내 아이들이 겪도록 하지 않겠다.

I wouldn't let my children go through what I've experienced.

 어젯밤 발생한 것은 정말 충격적이었다.

What happened last night was really shocking.

For centuries, sundials and water clocks inaccurately told us all we needed to know about time. Mechanical clocks started appearing on towers in Italy in the 14th century, but their timekeeping was less impressive than their looks, wandering up to 15 minutes a day. By the 17th century some geniuses, including Galileo and Pascal, had theorized about, but failed to build, better timepieces. Then, in 1656, Dutch astronomer Christian Huygens constructed the first pendulum clock, revolutionizing timekeeping. The precision of Huygens' clock allowed scientists to use it for their physics experiments, and shopkeepers to open and close at fixed hours. In 1761, Englishman John Harrison perfected a clock that worked at sea and put accurate time in a navigator's pocket. 기출

1 **이 글의 내용과 일치하는 것은?**
   ① 14세기 이탈리아에 등장한 시계는 매일 30분 정도 빨랐다.
   ② Galileo와 Pascal은 정확한 시간을 알리는 시계를 완성했다.
   ③ 추시계는 이탈리아에서 처음으로 개발되었다.
   ④ Huygens의 시계는 물리학 실험에 사용되었다.
   ⑤ Harrison이 개발한 시계는 항해 중에 사용할 수 없었다.

2 **According to the paragraph, what was the problem of early clocks?**
   ① It was difficult to possess one of them.
   ② It was annoying to fix the clocks each time.
   ③ They were scarce and very expensive.
   ④ They were unreliable because they weren't perfectly made.
   ⑤ They caused scientists to make mistakes in physics experiments.

Check Your
VOCABULARY!

sundial	inaccurately	mechanical	timekeeping
impressive	wander	theorize	pendulum clock
revolutionize	precision	physics	perfect

목적어 바로 뒷자리에서 목적어의 동작을 나타내는 to부정사

⬇ **목적어 뒷자리**

The doctor told me to eat more vegetables.

의사는 내게 야채를 더 많이 먹으라고 말했다.

⬇ **목적어 뒷자리**

Markets enable buyers and sellers to exchange goods and services.

시장은 소비자와 판매자들이 상품과 서비스를 교환하는 것을 가능하게 한다.

5형식 문장에서 want, wish, tell, order, ask, allow, require, encourage, enable, force 등의 5형식 동사는 목적격 보어 자리에 거의 'to부정사'만을 취하게 된다. 우리말 '(목적어)에게/가 ~하라고(하도록)'으로 해석한다. 무조건 암기하려고 하지 말고 목적어가 '동작' 즉 '행동, 행위'를 나타내야 하기 때문에 to부정사를 사용할 수밖에 없다는 것을 이해해야 한다.

먹다 + ~하라고/~는 것

➡ 먹으라고/먹는 것

우리말은 단어 자체를 바꿔 말한다.

eat + **to** ➡ to eat

영어에서 '먹다'가 '먹으라고', '먹는 것'의 뜻을 나타내려면 반드시 정해진 자리에 들어가야 한다. 5형식 동사가 나오고 목적어가 나온 다음 목적어 바로 뒷자리에 위치가 고정될 때 '(목적어)에게/가 ~하라고/~는 것'의 뜻을 나타낼 수 있다.

Practice

1 My father allowed me to travel in Europe alone.

해석 ◐ _____

2 아빠는 내게 나쁜 애들과 with bad boys 어울려 다니지 말라고 not to hang out 경고했다 warned.

영작 ◐ _____

Super Speaking 1단계 : 처음 우리말과 영문을 보면서 영어로 말해본다.
2단계 : 영문을 손으로 가리고 우리말만 보면서 완전한 영어로 말할 수 있도록 3~4회 반복한다.

 너는 말을 물가로 끌고 갈 수는 있지만, 강제로 물을 먹일 수는 없다.

 You can lead a horse to water, but you can't force it to drink.

우리말을 영어로 옮기기

 Huygens의 시계는 정확해서 과학자들이 물리학 실험을 할 때 그것을 사용했다.

The precision of Huygens' clock allowed scientists to use it for their physics experiments.

 미선이는 여동생이 그녀의 자전거를 사용하는 것을 허락하지 않았다.

Mi-soen didn't allow her younger sister to use her bicycle.

 경찰은 군중들에게 그 건물을 나가라고 강요했다.

The police forced the crowd to leave the building.

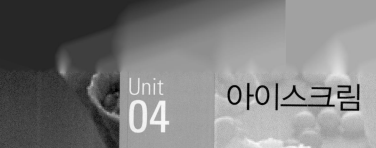

Unit 04 아이스크림

Whether you believe it or not, people have been enjoying ice cream for many centuries, long before refrigerators or freezers were invented. Historians say that Roman people in ancient times made an iced dessert for their emperors. They brought iced snow from nearby mountains, and mixed (a) it with other ingredients, such as honey or fruit juice. Then, in the 13th century, Marco Polo introduced a Chinese dish made with iced milk into Europe. But it was about 200 years later when the first real ice cream, with cream instead of milk, was made. Ice cream had different names. In Italy, (b) it was called "flower of milk," and in England, (c) it was called "creme frez." At that time, recipes and ingredients for ice cream were kept secret, and good chefs competed with one another to find the best way to make (d) it. The first ice cream in America was made in the late 18th century. American people loved (e) it so much that they tried to eat ice cream as a meal. As a matter of fact, some people believe that Jefferson may have invented the ice cream sandwich!

1 **What is the best title for this paragraph?**
① Where Ice Cream is Made   ② The History of Ice Cream
③ People Who Love Ice Cream   ④ Ways of Making Ice Cream
⑤ Ice Cream: Jefferson's Favorite

2 밑줄 친 (a)~(e) 중, it이 가리키는 대상이 다른 것은?
① (a)   ② (b)   ③ (c)
④ (d)   ⑤ (f)

Check Your **VOCABULARY!**

believe it or not	refrigerator	freezer	historian
ancient times	emperor	ingredient	such as
recipe	chef	compete	as a matter of fact

양보의 뜻을 나타내는 whether

↓ 주어(명사) 자리
Whether she is rich or not is not important to me. (명사절)
그녀가 부자인지 아닌지는 나에게 중요하지 않다.

↓ 문장 앞 부사 자리
Whether she is rich or not, it is not important to me. (부사절)
그녀가 부자이든 아니든지 간에, 그것은 나에게 중요하지 않다.

whether는 거의 모든 영문에서 명사절 접속사로 사용되어 '~인지, 아닌지'로 해석이 되는데 whether가 문장 맨 앞에 나와 쉼표로 분리된 후 주어(명사)와 동사가 등장하는 경우에는 whether가 양보의 부사절로 사용된 것이다. 이때는 쉼표 옆에 있는 명사(주어)를 꾸며 주면서 우리말 '~간에, 이든지 간에'를 붙여 해석한다.

'Whether + S + V'의 덩어리가 문장에서 주어 자리 또는 동사 뒷자리에서 목적어 역할을 할 경우 '~인지 아닌지'로 해석하면 된다(90%). 하지만 whether가 이끄는 절이 이미 완전한 문장(주어 + 동사가 있는 문장) 앞이나 뒤에 부가적으로 들어간 경우 이때의 whether는 부사절 접속사로 우리말 '~간에, ~이든지 간에'의 뜻을 갖는다.

Practice

1 Whether we like it or not, we often have to give up 포기하다 old customs 오래된 관습.

해석 ◉ _____

2 우리가 이기든 지든 간에 win or lose(not), 우리는 민주적 절차를 the democratic process 존중할 것이다 will respect.

영작 ◉ _____

Super Speaking
1단계 : 처음 우리말과 영문을 보면서 영어로 말해본다.
2단계 : 영문을 손으로 가리고 우리말만 보면서 완전한 영어로 말할 수 있도록 3~4회 반복한다.

 너는 최선을 다해야 할 것이다, 네가 그것을 좋아하든 그렇지 않든 간에.

You will have to do your best, whether you like it or not.

 우리말을 영어로 옮기기

 그녀의 말이 사실인지 아닌지 의심스럽다.

I doubt whether her remark is true or not.

 그들이 서로 좋아하는지 아닌지 간에, 그것은 내게 중요하지 않다.

Whether they like each other or not, it's not important to me.

 당신이 부유하든 가난하든지 간에 그것은 저하고는 상관없습니다.

It is irrelevant to me whether you are rich or poor.

원시 부족

Culture
& Custom

(A)

A long time ago, the primitive east Indian people ate their parents to show their respect and honor to the dead. Some believed that a person acquires the spirit of what he eats. If he eats a lion, he will be lionhearted; if he eats a deer, he will be able to run as fast as a deer. So the more these men respected their fathers, (a) the more anxiously they wanted to eat the flesh of their fathers.

(B)

The word 'cannibal' indicates a person who eats the flesh of other human beings. There (b) used to be several tribes that practiced cannibalism worldwide. But the first thing we have to know is that most cannibals did not eat human flesh because they favored it. Cannibalism was a part of their religious custom. The word 'cannibal' is derived from Caniba, or Carib, the name of the East Indian tribe among whom the Spaniards first found the practice of (c) eating human flesh.

(C)

But in some primitive societies, it was a custom to eat the criminals who (d) have been condemned to death. They did not eat their law-abiding fellows. They believed the criminal offended their gods. So the criminal had to sacrifice himself, and it was their ritual to eat the sacrifice. Even some early North American Indians also practiced cannibalism as a part of their religion. Nobody is quite sure if cannibalism still (e) exists or not, but most anthropologists think it does not. However, some believe there are still some cannibalistic tribes in the interior of New Guinea.

1 (A), (B), (C)를 이어 하나의 글로 구성할 때 가장 적절한 순서는?

① (A) - (B) - (C)

② (C) - (A) - (B)

③ (C) - (B) - (A)

④ (A) - (C) - (B)

⑤ (B) - (A) - (C)

2 **According to the passage, why did cannibals eat human flesh?**

① It was a natural thing to do in the old days.

② It was a part of their religion or custom.

③ They wanted to show their superiority to other tribes.

④ They lacked cattle.

⑤ They believed that human flesh was nutritious.

3 밑줄 친 (a)~(e) 중 어법상 어색한 것은?

① (a)　　　② (b)　　　③ (c)

④ (d)　　　⑤ (e)

4 이 글의 요지로 가장 적절한 것은?

① Eating human beings is brutal.

② Eating the flesh of human beings was compulsory in the old days.

③ Cannibals were cruel and dreadful tribes.

④ Cannibals had various reasons for eating humans.

⑤ People nowadays should adapt cannibalism.

WORD REVIEW

A Translate into English.

1 태도 _____

2 결정하다 _____

3 우호(호의)적인 _____

4 부정적인 _____

5 오염시키다 _____

6 결국 _____

7 후손, 자손 _____

8 ~로부터 고통을 겪다 _____

9 해시계 _____

10 추시계 _____

11 정확(성) _____

12 ~에 혁명을 일으키다 _____

13 조리법, 요리법 _____

14 믿거나, 말거나 _____

15 황제 _____

16 재료, 원료 _____

17 (인간, 동물의) 살 _____

18 인간 _____

19 범죄자, 범인 _____

20 사형을 선고하다 _____

21 기울다, 치우치다 _____

22 물리학 _____

23 주방장 _____

24 원시의 _____

25 관습 _____

B Translate into Korean.

1 through _____

2 on the contrary _____

3 acquire _____

4 particular _____

5 tend to _____

6 firmly _____

7 consequence _____

8 bear in mind _____

9 mechanical _____

10 timekeeping _____

11 inaccurately _____

12 wander _____

13 historian _____

14 ancient times _____

15 as a matter of fact _____

16 such as _____

17 religious _____

18 derive _____

19 sacrifice _____

20 ritual _____

21 discard _____

22 compete _____

23 spirit _____

24 law-abiding _____

25 offend _____

C Choose the correct answers to each question.

1 We know that what we discard now _____ our environment and consequently harms ourselves.

① contaminates   ② suffers from

③ tends to   ④ derives

2 They brought iced snow from nearby mountains, and mixed it with other _____, such as honey or fruit juice.

① historians   ② recipes

③ emperors   ④ ingredients

3 In some primitive societies, it was a custom to eat the criminals who had been _____ to death.

① indicated   ② condemned

③ derived   ④ honored

D Translate into English or Korean.

1 The social welfare system should be able to provide whatever is needed for the poor.

_____

2 What is important is that you should love your parents.

_____

3 사람들이 동의하든 하지 않든 간에 정부는 세금수입을 늘릴 것이다. (people, agree)

_____, the government will increase tax revenues.

E Choose the correct words to fill in the blanks.

1 _____ you call me to come, I'll be there.

① However   ② Whatever

③ Whenever   ④ Whoever

2 This is _____ you should do and you will do tomorrow.

① whatever   ② whenever

③ what   ④ when

3 There are many creative ways to encourage students _____ books.

① reading   ② to read

③ read   ④ have read

F Choose the proper expressions to fill in the blanks.

| human being | suffer from |
| bear in mind | believe it or not |

1 We should _____ that this is only a temporary solution.

2 My grandmother _____ a toothache so my mom took her to a dentist.

3 My neighbor said that he talked with aliens the other day, whether you _____.

4 It's legal to clone a _____ in all but four states.   *clone 복제하다

★ 〈both A and B / either A or B / not only A but also B〉 등과 같은 상관접속사는 어법적으로 동일어구를 연결한다.

He behaved in the same way **both** *toward* her **and** *toward* me after the accident.
그 사건 이후에 그는 그녀와 나에게 똑같이 행동했다.

I firmly believe that the Earth is **not only** *ours* **but also** *theirs*.
나는 지구가 우리들의 것일 뿐 아니라 그들의 것이기도 하다고 굳게 믿는다.

★ '덜 ~한'라는 열등비교는 〈less + 형용사/부사의 원급 + than〉의 형태로 쓴다.

The movie we watched yesterday was **less impressive than** the 'Titanic.'
우리가 어제 본 그 영화는 '타이타닉'보다 덜 인상적이었다.

I agree that investing in the early stage is **less risky than** investing later.
나는 초기단계의 투자가 나중보다 덜 위험하다는 것에 동의한다.

★ '~하면 할수록, 더욱 더 …하다'라는 의미의 〈the + 비교급 ~, the + 비교급 …〉 구문의 쓰임을 살펴보자.

The more popular the restaurant became, **the more** crowded it got.
그 식당은 유명해지면 유명해질수록 더 붐볐다.

The more we get informed, **the cheaper** products we can buy.
더 많은 정보를 얻을수록 우리는 더 싼 물건을 살 수 있다.

---

1 다음 괄호 안에서 알맞은 것을 고르시오.

I used to play baseball both in the playground and [to the backyard / in the backyard].

2 다음 괄호 안에서 알맞은 것을 각각 고르시오.

Usually men are [less sensitive / less sensitiver] to tastes and smells [with / than] women.

3 다음 문장에서 <u>틀린</u> 부분을 찾아 바르게 고치시오.

The more I think about it, it gets the more curious.
내가 그것에 대해 더 많이 생각할수록 그것은 더 의심스럽다.

➡ _____

Daily Assignment Book

Homeroom teacher : _____

공부습관의 최강자가 되라!

수업일		Contents (수업내용)	Homework (과제물)	Check (숙제검사)	
월	일			Done	Didn't do
월	일			Done	Didn't do
월	일			Done	Didn't do
나의 학습 아킬레스건	나의 취약 부분은?			Done	Didn't do
	해결 방법은?			Done	Didn't do
			Parent's Signature		

※ 학생들이 학원에서 공부한 내용입니다. 바쁘시더라도 관심을 갖고 확인해 주십시오.

산타페, 렉스턴, 스포티지의 조상을 찾아서...

사륜구동의 대명사 랜드로버(Land Rover)는 1946년 영국의 로버자동차를 세운 모리스 윌크스와 스펜서 윌크스 형제가 사륜구동차를 만들기 시작한 이래 60년 이상을 사륜구동차만을 고집하고 있는 메이커입니다. 사륜구동 최초의 전자식 에어 서스펜션, 알루미늄 V8 엔진, 4채널 ABS 등 끊임없는 첨단기술의 개발로 사륜구동 차량의 미래를 제시하고 있습니다. 레인지로버는 1950년대부터 영국 여왕이 우방국을 방문할 때마다 꼭 타고 다니는 수행차량으로 선택될 만큼 전통과 권위를 가진 차량이기도 합니다. 랜드로버가 일반인 사이에서도 폭발적인 인기를 끌게 되자, 실용성을 강조한 나머지 다소 투박했던 디자인을 시대에 맞게 계속 변형 또는 개조해가면서 오늘날까지도 꾸준한 사랑을 받는 브랜드로 자리 잡게 되었습니다. 험하고 가파른 길에서도 힘차게 주행할 수 있는 견고함 때문에 다양한 용도로 쓰여서 더욱 더 랜드로버의 명성을 떨쳤습니다. 아쉽게도 경영 문제로 2000년에는 BMW에서 Ford로 인수되었지만 아직도 꾸준히 세계인들에게 명차로 인식되고 있습니다.

WORD LIST • Chapter 01

1	estimate	추정하다
2	combine	결합하다
3	increase	증가하다, 증가
4	as a matter of fact	사실상, 사실은
5	tribe	부족, 종족
6	enemy	적, 적군
7	gather	모으다, 모이다
8	throat	목구멍
9	moderate	적당한
10	limit	제한하다
11	dramatically	극적으로
12	enthusiastic	열렬한, 열광적인
13	victim	희생자
14	mythological	신화의, 신화적인
15	popularity	인기, 대중성
16	cruel	잔인한
17	aggressive	공격적인
18	warrior	전사
19	shield	방패
20	wipe out	전멸하다
21	publish	출판하다
22	familiar	익숙한, 친숙한
23	shield	방패
24	effectively	효과적으로
25	dominance	지배
26	modern	현대(의)
27	rapidly	급속히, 빨리
28	contribute	~의 원인이 되다, 기여하다
29	radical	급진적인
30	relative	친척
31	observe	~을 보다, 관찰하다
32	ceremony	의식
33	pretend	~인 체하다, 가장하다
34	verified	입증된
35	peninsula	(한)반도
36	overseas	해외에서, 해외로
37	expense	비용
38	be inspired	영감을 받다
39	suck	입으로 빨다, 빨아들이다
40	coffin	관
41	gain	얻다, 획득하다
42	deport	추방하다
43	arm	팔, (무기로) 무장하다
44	reside	거주하다
45	legend	전설
46	respectively	각각, 저마다
47	immortality	불멸, 영원(성)
48	race	인종, 종족
49	bold	용감한, 대담한
50	fascinate	사로잡다, 매혹하다

1	resemble	~와 닮다
2	wooden	나무의, 나무로 만든
3	modern	현대(식)의
4	introduce	창안하다, 도입하다
5	be named after	~을 따서 이름이 지어지다
6	honor	존경하다, 명예를 주다
7	president	대통령
8	in honor of	~에 경의를 표하여
9	unexpected	예기치 않은, 뜻밖의
10	appear	나타나다
11	fortune	재산
12	tickle	간질거리게 하다
13	stand	참다, 견디다
14	tension	긴장감
15	unease	불안
16	effect	효과, 결과
17	savage	미개의, 야만적인
18	kidnap	납치하다, 유괴하다
19	symbolic meaning	상징적 의미
20	reckless	무모한
21	purchase	구입하다
22	theory	이론
23	despair	절망
24	lack	부족, 결핍
25	ignorant	무지한

26	make a turn	방향 전환하다
27	place	두다, 놓다, 앉히다
28	wheel	바퀴
29	scarce	드문, 부족한, 적은
30	duke	공작(영국의 최고작위)
31	British	영국의, 영국인의
32	practice	관습
33	comet	혜성
34	foresee	예견하다
35	appearance	출현
36	convince	확신하다
37	bad omen	나쁜 징조
38	due to	~때문에
39	calmly	차분하게, 침착하게
40	physical contact	신체적 접촉
41	affect	~에 영향을 미치다
42	characteristic	특성, 특질
43	degrading	모욕하는, 저급의
44	initiate	시작하다, 일으키다
45	refer to	~라고 부르다
46	occur	일어나다
47	impending	임박한
48	horrified	겁에 질린
49	illiterate	교양 없는, 문맹의
50	reflect	반영하다

1	slave	노예
2	portray	그리다, 묘사하다
3	boast	자랑하다, 뽐내다
4	concentrate on	~에 집중하다
5	invade	침략하다
6	outlying village	외딴 동네
7	trading method	거래 방법
8	colony	식민지, 집단, 부락
9	indoctrinate	주입시키다
10	religion	종교
11	unbearable	견딜 수 없는
12	moral	도덕적인
13	on a regular basis	규칙[정기]적으로
14	demonstrate	보여 주다
15	vigorous	활기 있는, 원기 왕성한
16	self-discipline	자기 훈련
17	psychological	심리적인
18	arise	일어나다, 일어서다
19	stab	찌르다
20	fatal	치명적인
21	stick to	~을 고수하다
22	greed	탐욕
23	benefit	혜택
24	lung	폐
25	exist	존재하다
26	lengthy	긴, 장황한
27	depict	표현하다, 묘사하다
28	hang	내걸다, 전시하다
29	notice	알아차리다
30	approximately	약, 대략
31	impose	강요하다
32	craft	기술, 재주
33	fortress	요새
34	materialism	물질 만능주의
35	framework	틀, 구조
36	ethnic	인종의, 민족의
37	ethics	윤리
38	commitment	약속, 책임, 다짐
39	attractive	매력적인
40	strengthen	튼튼하게 하다
41	unless	~하지 않는 한
42	derive	~로부터 유래하다
43	be fond of	~을 좋아하다
44	at least	적어도, 최소한
45	turn	되다 (= become)
46	cheat	부정행위를 하다
47	intense	강렬한, 열정적인
48	work out	운동하다
49	feed	먹다, 먹이를 주다
50	obviously	분명히

WORD LIST • Chapter 04

1	ambition	야망, 포부	26	grand	웅장한, 화려한
2	achieve	성취하다, 달성하다	27	desperate	절망적인, 자포자기의
3	absurd	어리석은	28	aim at	~을 목표로 삼다
4	gradually	점진적으로, 서서히	29	work up	서서히 나아가다
5	orchid	난초	30	present	나타내다
6	peculiar	기묘한, 특이한	31	spread	뿌리다, 퍼뜨리다
7	attack	공격하다	32	land on	~에 착륙하다
8	generate	생성하다, 만들어내다	33	pollen	꽃가루
9	frustration	좌절	34	mental health	정신 건강
10	racism	인종차별	35	relative	친척
11	risk	위험(성)	36	resilience	복원력, 회복력
12	overcrowding	혼잡, 초만원	37	misunderstanding	오해
13	essential	필수적인	38	personal information	개인 정보
14	handle	다루다, 처리하다	39	make sure	반드시 ~하다
15	inform	알리다	40	computerize	컴퓨터화하다
16	otherwise	그렇지 않으면	41	regardless of	~와 관계없이
17	pollution	오염	42	get rid of	~을 제거하다
18	approach	접근	43	extreme	극한의, 극도의
19	traffic jam	교통체증	44	convince	확신시키다, 납득시키다
20	measure	조치	45	remove	제거하다
21	realistic	현실적인	46	instinctive	본능적인
22	poverty	빈곤	47	interpersonal	대인관계의
23	unless	~하지 않는 한	48	as a matter of fact	사실상
24	firmly	굳게, 단호하게	49	stay in shape	건강을 유지하다
25	practicable	실행 가능한	50	take action	조치를 취하다

WORD LIST • Bonus Chapter

1	attitude	태도	26	through	~을 통해서
2	determine	결정하다	27	on the contrary	이와는 반대로
3	favorable	우호(호의)적인	28	acquire	습득하다, 획득하다
4	negative	부정적인	29	particular	특별한, 특수한
5	contaminate	오염시키다	30	tend to	~하는 경향이 있다
6	eventually	결국	31	firmly	단호히, 확고하게
7	descendant	후손, 자손	32	consequence	결과
8	suffer from	~로부터 고통을 겪다	33	bear in mind	명심하다, 유념하다
9	sundial	해시계	34	mechanical	기계적인, 기계의
10	pendulum clock	추시계	35	timekeeping	시간을 맞추는 것
11	precision	정확(성)	36	inaccurately	부정확하게
12	revolutionize	~에 혁명을 일으키다	37	wander	벗어나다, 빗나가다
13	recipe	조리법, 요리법	38	historian	역사가
14	believe it or not	믿거나 말거나	39	ancient times	고대 (시대)
15	emperor	황제	40	as a matter of fact	사실상, 실제로
16	ingredient	재료, 원료	41	such as	예를 들어, 이를테면
17	flesh	(인간, 동물의) 살	42	religious	종교적인
18	human being	인간	43	derive	유래하다, 나오다
19	criminal	범죄자, 범인	44	sacrifice	제물로 바치다, 희생
20	condemn to death	사형을 선고하다	45	ritual	(종교적인) 의식
21	lean	기울다, 치우치다	46	discard	버리다
22	physics	물리학	47	compete	경쟁하다
23	chef	주방장	48	spirit	영혼
24	primitive	원시의	49	law-abiding	법을 준수하는
25	custom	관습	50	offend	화나게 하다

Answer Key

Chapter 01

Mini Quiz p.14

1	estimate	6	publish
2	relative	7	version
3	remove	8	race
4	pretend	9	aggressive
5	firm	10	armed

Reading Skill p.15
④ 심리적인

Unit 01 p.16
1 ③   **2** ④

modern	현대(의)	population	인구
increase	증가, 증가하다	rapidly	급속히, 빨리
age of history	역사의 흐름(기간, 시대)	combine	결합하다
billion	십억	contribute	~의 원인이 되다
radical	급진적인, 과격한	oxygen shortage	산소 부족
as a matter of fact	사실상, 사실은	estimate	추정하다, 평가하다

Writing & Speaking p.17
1 국회는 부패에 관련된 공무원들뿐만 아니라 전 대통령이 청문회에 나오도록 소환했다.
2 My father allowed me to travel through Europe alone.

Unit 02 p.18
1 ⑤   **2** ②

tribe	부족	relative	친척
enemy	적, 적군	gather	모이다
observe	~을 보다, 관찰하다	ceremony	의식, 의례
remove	제거하다	throat	목구멍
pretend	~인 체하다, 가장하다	ritual	의식, 예배식
attribute A to B	A가 B에 기인한다고 생각하다	respectively	각각, 각자, 저마다

Writing & Speaking p.19
1 요즘 흡연자들은 담배가 그들의 건강을 해칠지도 모른다고 걱정하기 때문에 담배를 끊는다.
2 I think that he is a reliable person.

Unit 03 p.20
1 ⑤   **2** ③

dramatically	극적으로	firm	회사
overseas	해외에서	limit	제한하다
peninsula	(한)반도	no wonder	당연한

enthusiastic	열렬한, 열광적인	contribute	기여하다
international community	국제(세계) 사회	verified	입증된
expense	비용	moderate	적당한

Writing & Speaking p.21
1 이는 곤경과 역경을 극복함으로써 더 현명해지는 사람들과 비슷하다.
2 She painted those portraits hanging on the wall.

Unit 04 p.22
1 ②   **2** ⑤

mythological	신화의(적인)	coffin	관
suck	입으로 빨다, 빨아들이다	victim	희생자
publish	출판하다	version	~판(형태)
gain	얻다, 획득하다	popularity	인기, 대중성
familiar	익숙한, 친숙한	be inspired	영감을 받다
cruel	잔인한	immortality	불멸, 영원(성)

Writing & Speaking p.23
1 우리의 자아상은 우리가 세상을 어떻게 보는가를 결정하는 청사진이다.
2 Material culture is made up of all the physical objects that people make and give meaning to.

Unit 05 p.24
1 ②   **3** ②
2 ④   **4** ⑤

Amazons	그리스 전설의 아마존족 (용맹한 여전사)	race	인종, 종족
reside	거주하다	Asia Minor	소아시아 (흑해, 지중해 사이의 지역)
bold	용감한, 대담한	aggressive	공격적인
warrior	전사	rule	통치하다
tribe	부족	deport	추방하다
maim	불구로 만들다	arm	(무기로) 무장하다
lance	창, 작살	bow	활
shield	방패	breast	가슴, 흉부
spear	창	effectively	효과적으로
fascinate	매혹하다, 사로잡다	ancient Greek	고대 그리스의(어)
wipe out	전멸하다	Athens	아테네
legend	전설	dominance	지배
astonished	놀란		

WORD REVIEW p.26

A

1	estimate	14	mythological
2	combine	15	popularity
3	increase	16	cruel
4	as a matter of fact	17	aggressive
5	tribe	18	warrior
6	enemy	19	shield
7	gather	20	wipe out
8	throat	21	publish
9	moderate	22	familiar

10	limit	23	shield
11	dramatically	24	effectively
12	enthusiastic	25	dominance
13	victim		

B

1	현대(의)	14	입으로 빨다, 빨아들이다
2	급속히, 빨리	15	관
3	～의 원인이 되다, 기여하다	16	얻다, 획득하다
4	급진적인	17	추방하다
5	친척	18	팔, (무기로) 무장하다
6	～을 보다, 관찰하다	19	거주하다
7	의식	20	전설
8	～인 체하다, 가장하다	21	각각, 저마다
9	입증된	22	불멸, 영원(성)
10	(한)반도	23	인종, 종족
11	해외에서, 해외로	24	용감한, 대담한
12	비용	25	사로잡다, 매혹하다
13	영감을 받다		

C

1	④	3	②
2	①		

D

1 너는 내가 내일 엄마한테 전화해야 한다는 것을 상기시켜 줘야 한다.
2 문제는 우리가 거기에 갈 충분한 시간이 없다는 것이다.
3 a lovely daughter called Bessy
4 TV programs which deal with nature

E

1	①	3	③
2	①	4	④

F

1	enthusiastic	3	cruel
2	combine	4	warrior

SENTENCE REVIEW p.28

1	making	3	③
2	①		

Chapter 02

Mini Quiz p.30

1	place	6	convince
2	modern	7	reaction
3	honor	8	effect
4	foresee	9	characteristic

5	theory	10	Statue

Reading Skill p.31
⑤ 조언하려고

Unit 01 p.32

1 ①		2 ②	
resemble	～와 닮다	wooden	나무로 만든, 나무의
wheel	바퀴	introduce	창안하다, 도입하다
make a turn	방향 전환하다	place	두다, 놓다, 앉히다
purchase	구입하다	scarce	드문, 희귀한
blacksmith	대장장이	add	더하다, 첨가하다
foot pedal	(자전거 등의) 페달	modern	현대(식)의

Writing & Speaking p.33

1 사람들이 다른 관심 분야를 추구할 시간은 충분히 있다. 재학기간은 학생들이 자신들의 강점을 발전시킬 기간이어야 하는데, 그 이유는 오늘날의 세계가 만능인이 아닌 전문인을 요구하기 때문이다.
2 It is necessary for her to study for the important test.

Unit 02 p.34

1 ④		2 ①	
be named after		British	영국의, 영국인의
	～을 따서 이름이 지어지다		
honor	존경하다, 명예를 주다	duke	공작, 영국의 최고 작위
against	반대하여	president	대통령
in honor of	～에 경의를 표하여	practice	관습, 풍습
occur	발생하다, 일어나다	as well	또한
mention	언급하다		

Writing & Speaking p.35

1 제2차 세계대전의 종결 이래로 과학과 기술에 놀랄만한 발전이 있었다.
2 Today, there are about 400,000 Indians scattered across the United States.

Unit 03 p.36

1 ④		2 ③	
appearance	출현	comet	혜성
bad omen	나쁜 징조	unexpected	예기치 않은, 뜻밖의
appear	나타나다, 출현하다	foresee	예견하다
theory	이론	convince	확신하다
horrified	겁에 질린	impending	임박한
fortune	재산	despair	절망, 실망

Writing & Speaking p.37

1 그의 사장은 그에게 그가 해고당했다고 말했다.
2 The strange man asked the little boy where his grandfather lived.

Unit 04 p.38

1 ④		2 ⑤	
tickle	간질거리게 하다	stand	참다, 견디다

manage to	그럭저럭 ~해내다	affect	~에 영향을 미치다
tension	긴장감	unease	불안
due to	~ 때문에	physical contact	신체적 접촉
lack	부족, 결핍	reaction	반응
effect	효과, 결과	calmly	차분하게, 침착하게

Writing & Speaking　　　　　　　　　p.39

1 수면을 연구하는 생물학자들은 사람이 습관적으로 낮에 자는지 또는 밤에 자는지는 차이가 거의 없다고 결론지었다.

2 Everything depends on whether you pass the examination.

Unit 05　　　　　　　　　　　　　　p.40

1 ③　　　　　　**3** ②
2 ④　　　　　　**4** ①

centaur	켄타우르스(반인반마의 괴물)	horse-like	말처럼 생긴
upper body	상체	savage	야만적인
refer to	~라고 부르다	ignorant	무지한, 무식한
illiterate	교양 없는, 문맹의	physical labor	육체노동
degrading	모욕하는, 저급의	drunken	술 취한
kidnap	납치하다	bride	신부
initiate	(전쟁 등을) 일으키다	sturdy	억센, 튼튼한, 힘센
battle	전쟁, 싸움	reflect	반영하다
reckless	무모한	barbarian	야만인
characteristic	특성, 특질	statue	조각상
symbolic meaning	상징적 의미	superiority	우월, 우수
valiant	용맹한	untamed	길들여지지 않은

WORD REVIEW　　　　　　　　　　　p.42

A

1	resemble	14	tension
2	wooden	15	unease
3	modern	16	effect
4	introduce	17	savage
5	be named after	18	kidnap
6	honor	19	symbolic meaning
7	president	20	reckless
8	in honor of	21	purchase
9	unexpected	22	theory
10	appear	23	despair
11	fortune	24	lack
12	tickle	25	ignorant
13	stand		

B

1	방향 전환하다	14	차분하게, 침착하게
2	두다, 놓다, 앉히다	15	신체적 접촉
3	바퀴	16	~에 영향을 미치다
4	드문, 부족한, 적은	17	특성, 특질
5	공작(영국의 최고작위)	18	모욕하는, 저급의
6	영국의, 영국인의	19	시작하다, 일으키다
7	관습	20	~라고 부르다
8	혜성	21	일어나다
9	예견하다	22	임박한
10	출현	23	겁에 질린
11	확신하다	24	교양 없는, 문맹의
12	나쁜 징조	25	반영하다
13	~때문에		

C
1 ③　　　　　　**3** ②
2 ③

D
1 소비자들이 돈을 더 많이 내거나 좋은 흥정을 못하고 나가는 경우가 드물지 않다.
2 tell me what I should bring
3 whether you earn a lot of money, whether you like your job

E
1 ①　　　　　　**3** ②
2 ④　　　　　　**4** ③

F
1 in honor of　　　**3** refer to
2 due to

SENTENCE REVIEW　　　　　　　　p.44

1 run, play　　　　**3** is → were
2 confused

Chapter 03

Mini Quiz　　　　　　　　　　　　p.46

1	depict	6	moral
2	lengthy	7	benefit
3	invasion	8	strengthen
4	ethnic	9	victims
5	stick to	10	fatal

Reading Skill　　　　　　　　　　　p.47

① 이것 때문에

Unit 01　　　　　　　　　　　　　　p.48

1 ④　　　　　　**2** ⑤

after a while	잠시 후에	notice	알아차리다
depict	~을 표현하다, 묘사하다	slave	노예
free	자유롭게 하다	Haitian	아이티의, 아이티 사람의
lengthy	긴, 오랜	concentrate on	~에 집중하다
struggle	발버둥질, 투쟁	portray	그리다, 묘사하다
hang	(그림 등을) 내걸다, 전시하다	boast	자랑하다, 뽐내다

Writing & Speaking　　　　　　　　p.49

1 그 의사는 환자에게 그가 살 수 있는 것이 단지 5주라는 것을 어떻게 말해야 할지를 걱정했다.

2 Yoon-seon had good ideas but didn't know how to express them.

Unit 02 p.50

1 ①　　**2** ③

expedition	탐험, 원정대	invade	침략하다
Britannia	브리타니아(영국의 옛날 이름)	colony	식민지, 집단부락
approximately	약, 대략	Celtic	켈트족의
outlying village	외딴 동네	fortress	요새
craft	기술, 재주	trading method	거래 방법
metal coin	금속 동전	invasion	침략

Writing & Speaking p.51

1 최근에 한 심각한 질병이 수백 명의 죽음을 야기시키면서 아시아 국가들을 강타했다.

2 He sat on the chair for a long time, listening to the sound of rain.

Unit 03 p.52

1 ②　　**2** ③

impose	강요하다	religion	종교
indoctrinate	주입시키다	ethnic	민족의, 인종의
ethics	윤리	framework	틀, 구조
stick to	~을 고수하다	moral	도덕적인
unbearable	견딜 수 없는	materialism	물질 만능주의
greed	탐욕	cheat	부정행위를 하다

Writing & Speaking p.53

1 숫자는 수학에서 사용되는 기호이다.

2 I want to buy a car made in Korea.

Unit 04 p.54

1 ②　　**2** ③

intense	열정적인	in moderation	적절하게, 알맞게 (= moderately)
psychological	정신의, 심리적인	benefit	혜택, 이득
muscle	근육	attractive	매력적인
work out	운동하다	unless	~하지 않는 한
lose weight	살을 빼다, 몸무게를 줄이다	on a regular basis	규칙적으로, 정기적으로
demonstrate	보여주다	self-discipline	자기 훈련(수양)
commitment	약속, 책임, 다짐	vigorous	활기 있는, 원기 왕성한
strengthen	튼튼하게 하다	lung	폐

Writing & Speaking p.55

1 우유는 아이들과 성인들의 영양상의 혜택을 주는 것은 물론, 신체가 더 편안하게 잠을 잘 수 있도록 도와주는 산들을 함유하고 있다.

2 I helped him (to) complete the job.

Unit 05 p.56

1 ①　　**3** ②

2 ③　　**4** ⑤

at least	적어도, 최소한	be fond of	~을 좋아하다
forsaken	버림받은, 버려진	creature	생명체
arise	일어나다, 일어서다	grave	무덤
feed	먹다, 먹이를 주다	victim	희생자, 피해자
turn	되다 (= become)	derive	~로부터 유래하다
stab	(몸을 ~으로) 찌르다	stake	말뚝
superb	최상의, 훌륭한, 뛰어난	intelligence	지능, 사고력
capture	포획하다	wonder	궁금하다
exist	존재하다	obviously	분명히
sharp	날카로운	suck	빨아먹다
mammal	포유류	fatal	치명적(인)
inhumanity	비인간성	affliction	고통

WORD REVIEW p.58

A

1	slave	14	demonstrate
2	portray	15	vigorous
3	boast	16	self-discipline
4	concentrate on	17	psychological
5	invade	18	arise
6	outlying village	19	stab
7	trading method	20	fatal
8	colony	21	stick to
9	indoctrinate	22	greed
10	religion	23	benefit
11	unbearable	24	lung
12	moral	25	exist
13	on a regular basis		

B

1	긴, 장황한	14	매력적인
2	표현하다, 묘사하다	15	튼튼하게 하다
3	내걸다, 전시하다	16	~하지 않는 한
4	알아차리다	17	~로부터 유래하다
5	약, 대략	18	~을 좋아하다
6	강요하다	19	적어도, 최소한
7	기술, 재주	20	되다 (= become)
8	요새	21	부정행위를 하다
9	물질 만능주의	22	강렬한, 열정적인
10	틀, 구조	23	운동하다
11	인종의, 민족의	24	먹다, 먹이를 주다
12	윤리	25	분명히
13	약속, 책임, 다짐		

C

1	①	3	①
2	②		

D

1 똑똑한 사람은 무엇을 대답할지 아는 사람이 아니라 어떻게 대답할지 아는 사람이다.

2 그 소녀는 밝게 웃으며 그곳에 있는 모든 유명인사들과 악수를 나눴다.

3 help you (to) find the book

4 the flower fallen on the ground

E

1	③	3	②
2	③	4	②

F

1	after	4	at
2	in	5	at
3	in	6	to

Chapter 04

WORD REVIEW

p.74

A
1	ambition	14	handle
2	achieve	15	inform
3	absurd	16	otherwise
4	gradually	17	pollution
5	orchid	18	approach
6	peculiar	19	traffic jam
7	attack	20	measure
8	generate	21	realistic
9	frustration	22	poverty
10	racism	23	unless
11	risk	24	firmly
12	overcrowding	25	practicable
13	essential		

B
1	웅장한, 화려한	14	반드시 ~하다
2	절망적인, 자포자기의	15	컴퓨터화하다
3	~을 목표로 삼다	16	~와 관계없이
4	서서히 나아가다	17	~을 제거하다
5	나타내다	18	극한의, 극도의
6	뿌리다, 퍼뜨리다	19	확신시키다, 납득시키다
7	~에 착륙하다	20	제거하다
8	꽃가루	21	본능적인
9	정신 건강	22	대인관계의
10	친척	23	사실상
11	복원력, 회복력	24	건강을 유지하다
12	오해	25	조치를 취하다
13	개인 정보		

C
1	④	3	④
2	④		

D
1	겨울이 오기 전에 독감 예방주사를 맞는 것이 필요하다.
2	늦잠을 자지 않기 위해 나는 7시에 알람을 맞춰 놓았다.
3	was seen to enter
4	The cottage to stay overnight

E
1	①	3	②
2	④	4	③

F
1	out of the question	3	stay in shape
2	traffic congestion	4	work out

SENTENCE REVIEW

p.76

1	③ do → does
2	④ the slower → slower
3	④ their → his or he

Bonus Chapter

Mini Quiz

p.80

1	attitude	6	consequence
2	optimism	7	impressive
3	particular	8	ingredients
4	discarded	9	recipe
5	ignore	10	criminal

Reading Skill

p.81

④ 우리는 성급한 결론에 도달하는 것을 피하기 위해 어떤 사람의 행동에 대한 이유를 조심스럽게 생각해야 한다.

Unit 01

p.82

1 ⑤

2 ⑤

attitude	태도, 마음가짐	determine	결정하다
lean	기울이다, 치우치다	optimism	낙천주의
pessimism	비관(주의)	acquire	습득하다, 획득하다
through	~을 통하여, ~으로 인하여	particular	특별한, 특수한
negative	부정적인	on the contrary	이와는 반대로
undoubtedly	의심할 여지없이, 확실히	favorable	우호(호의)적인

Writing & Speaking

p.83

1 이 정부는 경제의 우수성을 달성하기 위해 필요한 모두를 기꺼이 제공하고 있다.

2 I will do whatever is necessary for our country.

Unit 02

p.84

1 ④

2 ②

long-term	장기적인, 장기의	discard	버리다
contaminate	오염시키다	consequently	그 결과(로서), 결과적으로
eventually	결국	descendant	후손, 자손
tend to	~하는 경향이 있다	ignore	무시하다
consequence	결과	suffer from	~로부터 고통을 겪다
firmly	단호히, 확고하게	bear in mind	명심하다, 유념하다

Writing & Speaking

p.85

1 그녀의 연설은 발음이 정확하지 않아서 나는 그녀가 말하는 것을 알아듣지 못했다.

2 I don't want to remember what they did to me.

Unit 03

p.86

1 ④

2 ④

sundial	해시계	inaccurately	정확하지 않게
mechanical	기계적인, 기계(상)의	timekeeping	시간을 맞추는 것

impressive	인상적인	wander	벗어나다
theorize	이론[학설]을 세우다	pendulum clock	추시계
revolutionize		precision	정확(성)
	~에 혁명(대변혁)을 일으키다		
physics	물리학	perfect	완성하다, 완료하다

Writing & Speaking p.87

1 나의 아버지는 내가 혼자서 유럽 여행하는 것을 허락해 주셨다.

2 My father warned me not to hang out with bad boys.

Unit 04 p.88

1 ② **2** ①

believe it or not	믿거나 말거나	refrigerator	냉장고
freezer	냉동장치	historian	사학자(가)
ancient times	고대 (시대)	emperor	황제
ingredient	재료, 원료	such as	예를 들어, 이를테면
recipe	조리법, 요리법	chef	주방장, 요리사
compete	경쟁하다	as a matter of fact	사실상, 실제로

Writing & Speaking p.89

1 우리가 그것을 좋아하든 안 좋아하든 간에, 우리는 종종 오래된 관습을 포기해야 한다.

2 Whether we win or lose (not), we will respect the democratic process.

Unit 05 p.90

1 ⑤ **3** ④
2 ② **4** ④

primitive	원시의	honor	명예
acquire	획득하다	spirit	영혼
anxiously	열망하여	flesh	(인간, 동물의) 살
cannibal	식인종	indicate	~을 나타내다, ~을 (간단히) 말하다
human being	인간	favor	소중히 다루다
cannibalism	사람 고기를 먹는 풍습	religious	종교적인
custom	관습	derive	유래하다, 나오다
Spaniard	스페인 사람	criminal	범죄자
condemn to death	사형을 선고하다	law-abiding	법률을 준수하는, 준법적인
fellow	동료	offend	화나게 하다
sacrifice	제물로 바치다, 희생	ritual	종교적인 의식
anthropologist	인류학자	interior	오지
superiority	우월성	compulsory	의무적인

WORD REVIEW p.92

A

1	attitude	14	believe it or not
2	determine	15	emperor
3	favorable	16	ingredient
4	negative	17	flesh
5	contaminate	18	human being
6	eventually	19	criminal
7	descendant	20	condemn to death
8	suffer from	21	lean
9	sundial	22	physics
10	pendulum clock	23	chef
11	precision	24	primitive
12	revolutionize	25	custom
13	recipe		

B

1	~을 통해서	14	고대 (시대)
2	이와는 반대로	15	사실상, 실제로
3	습득하다, 획득하다	16	예를 들어, 이를테면
4	특별한, 특수한	17	종교적인
5	~하는 경향이 있다	18	유래하다, 나오다
6	단호히, 확고하게	19	제물로 바치다, 희생
7	결과	20	(종교적인) 의식
8	명심하다, 유념하다	21	버리다
9	기계적인, 기계의	22	경쟁하다
10	시간을 맞추는 것	23	영혼
11	부정확하게	24	법을 준수하는
12	벗어나다, 빗나가다	25	화나게 하다
13	역사가		

C

1	①	3	②
2	④		

D

1 사회복지 시스템은 불우한 사람들에게 필요한 것은 무엇이든지 제공할 수 있어야 한다.

2 중요한 것은 네 부모를 사랑해야 한다는 것이다.

3 Whether people agree or not

E

1	③	3	②
2	③		

F

1	bear in mind	3	believe it or not
2	suffered from	4	human being

SENTENCE REVIEW p.94

1 in the backyard

2 less sensitive, than

3 it gets the more curious → the more curious it gets